# Sein Kampf

## „Opas Buch 2"

von Sebastian Kühnert

*Bibliografische Information der Deutschen Nationalbibliothek:
Die Deutsche Nationalbibliothek verzeichnet diese Publikation in
der Deutschen Nationalbibliografie; detaillierte bibliografische
Daten sind im Internet über http://dnb.dnb.de abrufbar.*

*TWENTYSIX – Der Self-Publishing-Verlag
Eine Kooperation zwischen der Verlagsgruppe Random House
und BoD – Books on Demand*

*© 2018 Schauffele, Ernst Hans (Hrsg.) / Kühnert, Sebastian
Illustration: Ernst Hans Schauffele*

*Herstellung und Verlag:
BoD – Books on Demand, Norderstedt.*

*ISBN: 9783740751944*

Von Sebastian Kühnert

geboren am    14.01.1892
gestorben am  09.06.1981

Beerdigt in Bad Cannstatt, auf demselben Friedhof wie Herr Gottlieb Daimler.

# Inhalt

| | |
|---|---:|
| Vorwort | 9 |
| Prolog | 11 |
| Der Westwall | 16 |
| Gebirgsartillerie - Ersatzabteilung Garmisch | 20 |
| Des Öfteren hatten wir Besuch von – Höheren Vorgesetzten aus München | 26 |
| Am 22. Juni 1940 kapitulierte – Das gesamte Französische Heer | 37 |
| Beim Gebirgsartillerie-Regiment 118 (6. Geb. Div.) | 38 |
| Unternehmen Seelöwe | 49 |
| Auch Waffen gingen verloren | 55 |
| Regimentstagesbefehl der – Geb.-Art. 118 vom 27.8.1940 | 59 |
| Division Rommel | 71 |
| Hier im Gebirge wurde der – Griechenlandfeldzug geprobt | 77 |
| Vorbereitung für den Kampf im Gebirge | 78 |

| | |
|---|---:|
| Marsch durch Bulgarien zur Griechischen Grenze | 87 |
| Batterie Chef Berri | 97 |
| Griechenland Feldzug | 106 |
| Schlusswort | 119 |
| Anmerkumgen | 124 |
| Begriffserklärungen | 125 |
| Buchempfehlungen | 134 |

## Vorwort

Zunächst möchte ich vorausschicken, daß diese Geschichten, von meinem Großvater, welche einem diese Zeiten des ersten und zweiten Weltkrieges, aus der Mitte des Militärs heraus, in unvergleichlicher Weise erkennbar machen, vor dem Hintergrund der Bilder, der Filme, und vor allem der Propaganda aus dieser Zeit, als zu schön gefärbt erscheinen.

Jedoch ist es gerade diese Gefälligkeit, der persönlichen Geschichte von Sebastian Kühnert, welche mich angetrieben hat, dieses Schriftstück, mit viel Engagement, zur Veröffentlichung zu bringen.

Speziell, gegen Ende der Arbeiten an dem zweiten Buch, ist mir aber beiden Recherchen, Dank Internet, durch die Filme aufgefallen, daß diese Zeit, nicht so verklärt, beschrieben werden darf. Ich glaube mit meinem jetzigen Wissensstand würde ich diese beiden Geschichten nicht mehr veröffentlichen wollen.

Es steckt mir zu viel Verantwortung, in den Geschehnissen und nicht Gesagtem. Jedoch hab ich das erste Buch bereits veröffentlicht, und möchte diese erlebte, schlussendlich authentische Geschichte, dieses Zeitzeuniss, von Sebastian Kühnert, doch, soweit möglich, zur

Verfügung stellen. Parallele Pflichtlektüren, wie z.B. über die „weiße Rose" sind jedoch unerlässlich!

Gerade durch, die Erzählkunst von Sebastian Kühnert, kommt man staunend, wie im Flug, durch diese Erlebnisse hindurch. Man macht sich tatsächlich die Mühe, und lernt die militärischen Fachbegriffe, um Sebastian verstehen zu können. Und am Ende steht man da und fragt sich, wie konnte es nur sein, dass solch „gute" Menschen, sich nicht von diesem Regime abwenden konnten. Dies im Einzelnen zu beantworten, dazu bin ich leider nicht in der Lage. Dies bleibt offen stehen. So wie es offen steht, was müsste man heutzutage im Jahr 2018 tun, um sich, den Umständen entsprechend, notwendiger Weise, richtig zu verhalten? Dazu wissen wir vermutlich in den aktuellen Lebenssituationen meist zu wenig. Es geht ja immer auch um das Überleben, von mir, von meinen Kindern. Von unseren Ansichten.

Die Bücher von Sebastian Kühnert sind spannende Erlebnisaufsätze. Sie beantworten viele Fragen aus dem Paralleluniversum des Militärs. Aber siewerfen auch Fragen auf und dabei erhalten diese Geschichten, in besonderer Weise, mit, den notwendigen Blick, auf diese vergangenen, schrecklichen Zeiten.

# ZWEITERZWEITER WELTKRIEG 1939 – 1945

Prolog: (von Sebastian Kühnert)

Ich kann es mir ersparen, auf die Ereignisse zwischen den beiden Kriegen einzugehen und darzulegen, wie es zu dem fast 6 Jahre andauernden, in seinen Auswirkungen, die ganze Welt verändernden, weiteren Weltkrieg gekommen ist. Es gibt darüber ein Dokumentarwerk, dessen Lektüre ich Jedem empfehlen möchte, der diese Zeit nicht, oder noch nicht voll bewusst erlebt hat.

Das von Gerhart Binder verfasste Buch trägt den Titel „Epoche der Entscheidungen". Es ist im Seewald-Verlag erschienen und wird auch an den Schulen im Geschichtsunterricht verwendet. Sein Inhalt konzentriert sich auf das, was man wissen sollte, um das geschichtliche Geschehen, seit der Jahrhundertwende bis in die Zeit nach 1945, beurteilen zu können.

Was mich bewogen hat, wieder unter die Soldaten zu gehen, möchte ich doch kurz erklären: Nach der „Machtergreifung" durch die Nationalsozialisten begann bald die sogenannte „Gleichschaltung", der Verbände. Gleichviel ob wirtschaftlicher, sportlicher oder sonstiger Art, mußten sich die Vereine den neuen Gesetzen des Nationalsozialismus anpassen, andernfalls wurden sie aufgelöst.

Die Kameradschaftsvereine ehemaliger Weltkriegsteilnehmer wurden in den Reichskriegerbund eingegliedert, und eben dieser wurde zur SA-Reserve erklärt.

Nach der Verkündigung der Wehrfreiheit, und Wiedereinführung der allgemeinen Wehrpflicht, wurden die ehemaligen Kriegsteilnehmer wieder bei den Wehrbezirks-Kommandos registriert, und aufgefordert, an Reserve-Übungen der Wehrmacht teilzunehmen.

Es wurden sogenannte ROG (Reserve Offiziers-Gemeinschaften) gebildet, welche regelmäßig an Vorträgen und Planspielen teilnehmen mußten; gelegentlich auch im Gelände.

Ein kleiner Kreis, ehemaliger Artillerie-Offiziere, welchem ich angehörte, konnte beim Artillerie Regiment Nr. 25 in Ludwigsburg, einmal in der Woche abends; und gelegentlich auch an Geländeritten, teilnehmen. Wir trafen uns auch regelmäßig, um unsere artilleristischen Kenntnisse aufzufrischen, denn wir waren entschlossen uns wieder, für die angestammte Waffe, zur Verfügung, zu stellen. Wenn wir doch zum Wehrdienst herangezogen wurden, wollten wir diesen auch, in einer Stellung, ausüben, welche unserem Alter, und unserer Kriegserfahrung, entsprechen sollte.

Durch diese Verpflichtung zu regelmäßigen Reserve-Übungen waren wir, und das gab für mich den Ausschlag!, für diesen Entschluss, davon entbunden, an irgendwelchen Veranstaltungen der NSDAP (Schulungsabende usw.) teilzunehmen.

Die Gebirgsartillerie der neuen Wehrmacht befand sich erst im Aufbau. In der 2. Abteilung Artillerie-Regiment München, die in Landsberg an der Lech stationiert war, machte ich, im Herbst 1935, die vorgeschriebene Auswahlübung. Hier waren der Kommandeur und die Batteriechefs Gebirgsartilleristen, die auch am Weltkrieg 1914 - 1918 als junge Offiziere teilgenommen hatten.

Die 2. Abt. des Art. Regt. München war der Stammtruppenteil, aus welchem das Geb. Art. Regt., der künftigen 1. Gebirgsdivision hervorgehen sollte. Nach der vierwöchigen Auswahlübung wurde mir die Gebirgsdiensttauglichkeit und die Qualifikation zum Batterieführer einer Gebirgs-Batterie bescheinigt.

In den Jahren 1936 - 39 mußte ich nun eine Reihe von Pflichtübungen ableisten: „zuerst einen Lehrgang an der Artillerieschule in Jüterbog, bei welcher mir die Eignung zum Abteilungsführer zuerkannt wurde. Dannfolgten eineWinterübung im Watzmanngebiet, mit anschließender Beförderung zumHauptmann der Reserve. Ferner-Hochgebirgsübungen in den Oberammergauer Bergen und im Wettersteingebirge. Dazwischen war im März 1938 - mit plötzlicher telefonischer Einberufung - der „Einsatz Österreich".

Ich mußte die Führung der 6. Batterie des G.A.R. 79 (Gebirgs Artillerie Regiment 79) übernehmen, weil deren Chef sich auf einem Kommando in Schweden befand. Ich traf gerade noch rechtzeitig in Mittenwald ein, wo sich die „Gruppe Schörner" mit dem Geb.Jäg. Regt. 98 (Gebirgs Jäger Regiment 98) und der 2. Abteilung G.A.R. 79 (Major Wittmann) versammelt hatte.

Auf dem Marsch nach Innsbruck, und in Innsbruck selbst, und später in den Städten des oberen Inntals, Imst und Landeck, wurden wir mit einer Begeisterung begrüßt, wie ich sie noch nie erlebt hatte. Damit dieser „Blumenkrieg" als Pflichtübung angerechnet werden konnte, machte ich nach der Rückkehr nach Mittenwald noch ein Batteriegefechtsschießen auf dem Gebirgsschießplatz Lutten See mit, welches ich anzulegen und zu leiten hatte. Nun glaubte ich mein „Soll" an Übungen erfüllt zu haben. Das war jedoch ein Irrtum.

Im Juni 1939 wurde ich zu der schon erwähnten Übung im Wettersteingebirge geholt, die dreiWochen dauerte. Ich solltenicht allein eine Batterie, sondern auch die ganze Abteilung im Einsatz führen und außerdem körperlich „fit" bleiben.

Was mir nach dem „Einsatz Österreich" von meinem Kommandeur und späteren Freund, Major Wittmann, bereits angedeutet worden war, wurden nun, nach dieser letzten Übung, durch den Regimentskommandeur Oberst Wintergerst bestätigt: „Für den Ernstfall lautete meine Mobilmachungsbestimmung „Kommandeur der Ersatzabteilung des G.A.R. 79 in Garmisch-Partenkirchen!".

Die Lage war in jenen Tagen ziemlich ernst. Man spürte das auch bei der Truppe. Zwar waren die bisherigen Aktionen Hitlers, welche eine Korrektur des Versailler-Vertrages, vom Juni 1919, zum Ziel hatten, ohne Blutvergießen, und mit schließlicher Sanktion durch die GroßmächteEngland und Frankreich, geglückt.

Ebenso die Besetzung des Sudetenlands. Dann aber drohte Kriegsgefahr wegen der „Lösung der Tschecho-Slowakischen Frage". Trotz Warnung der Generalität vor einem weltweiten Krieg! Da sie nicht gehört wurde, hat der Generalstabschefs des Heeres, General der Artillerie Beck, sich zum Rücktritt entschieden.Es gelang dem NSDAP Regimesomit auch die Annexion der Rest-Tschechei, ohne daß die Großmächte intervenierten.

Bei vielen im Volk war das Ansehen Hitlers gestiegen, solange durch seine Aktionen, deutschsprachige Gebiete zurückgewonnen wurden, die 1919, durch das Versailler Diktat, unter Fremdherrschaft gekommen waren.

Jetzt aber, als mit der „Rest-Tschechei", eine slawische Bevölkerung eingegliedert worden war, und bereits Vorbereitungen für eine Aktion gegen Polen festzustellen waren, warnten die Vernünftigen im Lande davor, den Bogen zu überspannen. Eine Fortsetzung solcher Annexionen mußte Krieg bedeuten, denn England hatte nun mit Polen einen Beistandspakt geschlossen, der es zum Eingreifen verpflichtete, für den Fall, dass Polen angegriffen würde.

Hitler, dessen Überheblichkeiten durch die bisherigen „Erfolge" mehr und mehr gestiegen waren, ließ sich weder durch die Generäle, noch durch die Vorstellungen ausländischer Diplomaten von seinen Absichten abbringen. Die Vorbereitungen liefen weiter. Z.B. mußten ab Anfang August 1939 die Tankstellen entlang den Autobahnen gut bevorratet bleiben, um die Treibstoffversorgung, aufmarschierender Truppen, sicherzustellen.

Sie gaben nur ganz geringe Mengen an Zivilfahrzeuge ab. Größere Mengen mußte man außerhalb der Autobahn tanken. Hersteller von Konserven und Dauerwurstwaren, von denen wir gelegentlich für den Privathaushalt etwas bezogen, lehnten Lieferung „mangels

Vorrat" ab. In Wirklichkeit waren die Bestände jedoch für die Wehrmacht reserviert.

Der Westwall:

Auf einer Geschäftsreise ins Saargebiet, auf der mich unser 15jähriger Sohn, Maximilian, begleitete; (er sollte mal ein Hütten- und Walzwerk besichtigen dürfen), spürten wir besonders die Zuspitzung der Lage. An den Panzersperren und Bunkern des „Westwalls" wurde fieberhaft gearbeitet, denn dieser wurde ja als Rückendeckung für den Polenfeldzug gebraucht. An der Französischen Grenze, zu der wir am Abend gefahren waren, herrschte eine unheimliche Stille. Man sah keinen Menschen. Als wir nachts nach Saarbrücken zurückkehrten, wunderten wir uns, wie lebhaft es nochauf den Straßen der Stadt zuging.

Durch ein Extrablatt war bekannt geworden, dass am 23.8.1939 ein gegenseitiger Nichtangriffspakt zwischen Sowjetrussland und dem Deutschen Reich geschlossen wurde.

Allgemein glaubte man nun, die Gefahr eines Krieges sei nun gebannt, denn die schlecht gerüsteten Westmächte würden unter diesen Umständen einen Krieg wohl kaum riskieren. Dies war aber ein Trugschluß. Hitler glaubte, England und Frankreich noch einmal vor vollendete Tatsachen stellen zu können, wie bei der Besetzung der Tschechoslowakei. Er ließ die aktiven Divisionen des Heeres, durch Reservisten auf Kriegsstärkeaufgefüllt, an den Grenzen bereitstellen. Um seinen Polen-Plan zu verwirklichen.

Infolge seiner Geheimverträge mit Stalin, mit welchen die Interessenssphären zwischen Russland und Deutschland geregelt wurden, brauchte er von dieser Seite aus nichtszu befürchten. Der vom deutschen Generalstab, auf Befehl Hitlers, schon vor Monaten, erstellte „Plan Weiss" (Polenfeldzug) rollte nun ab.

Mitten in der Nacht, nach unserer Rückkehr aus dem Saargebiet, wurde ich geweckt. Der Postbote brachte mir zwei Telegramme. Das eine betraf mich selbst, das zweite meinen Wagen. Ich wurde, auf Grund meiner Mobilmachungsbestimmung, bereits zum folgenden Tag, nach Garmisch, einberufen. Mein stahlblaues Mercedes-Kabriolett, das schon den Einmarsch ins Sudetenland mitgemacht hatte, mußte sofort, an eine Stelle der Wehrmacht, inFeuerbach, übergeben werden. Es war schon gleich, nachdem „Einsatz Österreich", als „felddienstgeeignet" gemustert worden. Von seinem Schicksal habe ich nie mehr etwas gehört. Meine Fahrt, am 26.8.1939,nach Garmisch, war die letzte, welche ich mit dem schönen Wagen machte. Der Fahrer mußte ihn noch am Nachmittag des gleichen Tages, in Feuerbach, abliefern.

Gleich nach meiner Ankunft meldete ich mich beim Regimentskommandeur des aktiven (das an der Front und im Kampf aktiv eingesetzte Regiment) G.A.R. 79, Oberst Wintergerst, der mich ja von den Übungen her gut kannte. Das Regiment sollte schon am übernächsten Tag verladen werden.Deshalb war es ihm recht, daß er mich gleich in meine künftigen Aufgaben einweisen konnte.

Da das aktive Regiment, welches mitReservisten auf-Kriegsstärke gebracht wurde,die ihre Dienstzeit in der neuen Wehrmacht bereits hinter sich hatten, und nur einige, ältere Ausbilder-Unteroffiziere zurücklassen würden, mußte der Abt. Stab und die drei Batterien der

Ersatzabteilung, in der Hauptsache, aus Reservisten und Rekruten gebildet werden. Darunter werde die Mehrzahl aus Tirol, Steiermark und Kärnten kommen. Der Rest aus Bayern und anderen deutschen Gebirgsgegenden. „Hauptaufgabe sei also die Ausbildung eines guten Ersatzes für die kämpfende (aktive) Truppe, und von Kräften für Neuaufstellungen."

Wintergerst, der auch Standortältester der Garnison Garmisch war, übergab mir diese Aufgabe, als dem künftigen, Rangältesten Offizier. Der Hauptmann, der das Geb. Jäger-Ersatzbataillon 98 führte, hatte ein jüngeres Rangdienstalter.

Gegenüber dem Garmischer Ortsgruppenleiter wurde mir Vorsicht empfohlen, er sei kein guter Charakter. Er handle nicht nach dem damals gebrauchten Slogan „Gemeinnutz geht vor Eigennutz", sondern genau umgekehrt.

Nun, diesen „Umschwung" des Verhaltens, hatte ich schon 1938 beim Einsatz in Österreich feststellen müssen, als in Innsbruck, gleich hinter der Wehrmacht, die „Goldfasanen" (so nannte man die Funktionäre der NSDAP damals, wegen ihren Uniformen) auftauchten, um die Läden, auf Grund des niedrigen Wechselkurses, auszukaufen.

In Angelegenheiten der Wehrmacht würde ich mir vom Ortsgruppenleiter jedoch nicht hineinreden lassen, das stand für mich fest. Ich habe ihn nur einmal gesehen, als er sich bei mir vorstellte. Schon nach 8 oder 10 Tagen wurde er dann abberufen und in das besetzte Polen beordert, wie es hieß „strafversetzt", da er sich in Garmisch einiges hatte zuschulden kommen lassen. Ob es für ihn eine Strafe war, bezweifle ich allerdings, denn in der Etappe in Polen konnte er vermutlich schalten und walten, wie's ihm beliebte. Sein Nachfolger war der Bürgermeister von Garmisch-Partenkirchen, ein vernünftiger Mann, mit dem ich nie Schwierigkeiten hatte.

### Gebirgsartillerie - Ersatzabteilung Garmisch

Solange die Geb. Art. Kaserne in Garmisch noch vom aktiven Regiment belegt war, befand sich mein Quartier, in einem von der Wehrmacht beschlagnahmten Hotel, in Partenkirchen.

Am 28. August wurde der Regimentsstab und die 2. Abt. GAR 79 in Garmisch verladen. Zur Verabschiedung war ich am Bahnhof. Am 1. September 1939 begann der Angriff auf Polen!

Jetzt konnte ich, mit meinem inzwischen, eingetroffenen und zusammengestellten Stab, die etwas außerhalb von Garmisch gelegene Kaserne, als Gebirgsartillerie beziehen.

Die Mobilmachung der Reserven lief nun auf vollen Touren. In Garmisch wurde die Stabsbatterie (Abteilungsstab) und die 1. Batterie aufgestellt. Die 2. Batterie in Traunstein und die 3. Batterie in Sonthofen im Allgäu. In den drei Garnisonen trafen nun Offiziere, Unteroffiziere und Mannschaften des Beurlaubtenstandes ein. Etwas später dann auch die Rekruten (Ungediente).

Dann kamen die Pferde (Tragtiere, Reit- und Zugpferde) und allerlei Gerät, für mich! Außerdem ein ziemlich, klappriger, offener PKW. Diesen brauchte ich nur für die paar Wochen, während denen zwei von meiner Batterien noch in den auswärtigen Garnisonen standen.

Das aktive Regiment hatte uns seine Skoda-Gebirgs-Geschütze dagelassen. Es war noch rechtzeitig mit dem neuen Gebirgs-Geschütz 36 ausgerüstet worden.

Die Aufstellung der Ersatzabteilung vollzog sich in wenigen Tagen, mit der, beim deutschen Heer, gewohnten Präzision.

Als die Batterien auf volle Stärke gebracht waren und ich die Vereidigung der Rekruten, in den drei Garnisonen, vorgenommen hatte, wurde die Ersatzabteilung in Garmisch zusammengezogen. Platz war ja, in der schönen Garmischer Kaserne, ausreichend vorhanden.

Die Offiziers-Ausbildung habe ich mir selbst vorbehalten. In regelmäßigen Offiziersbesprechungen entwickelte ich meine Vorstellungen von einer feldmäßigen Ausbildung. Ich veranstaltete Planspiele, und unterrichtete in der Schießlehre.

Da für Scharfschießen mit den Geschützen nur sehr begrenzt Munition zur Verfügung stand, übten wir auch viel mit dem „Zimmerschießgerät", welches, dem aktiven Regiment, erst vor einigen Monaten geliefert worden war; jedoch noch nicht erprobt worden war. Ich ließ in einer der großen Garagen, aus Mörtel und Sand, ein gebirgiges Gelände aufbauen und dieseskartographisch vermessen (wir hatten einen Geometer unter unseren Leuten). Dann ließ ich Karten anfertigen, welche auch vervielfältigt wurden. Aus der Karte konnten, der zum Schießen eingeteilte Offizier, die notwendigen Daten (Entfernung, Höhenunterschied) entnehmen, und mit Hilfe des Schießgeräts, mit dem man Flachbahn- und Bogenschuß darstellen konnte, ein ziemlich wirklichkeitsnahes Schießen im „Zimmer" durchführen. wenn es damals, als ich an der Artillerie Gebirgs-Schieß-Schule Sonthofen war, schon so etwas gegeben hätte, würden wir es viel leichter gehabt haben, die Kursteilnehmer mit dem „Schießen im Gebirge" vertraut zu machen.

Mein nächster Vorgesetzter Oberst Metscher - ihm unterstanden alle Ersatzabteilungen der Gebirgs- und der Feld-Artillerie in Bayern; er hatte seinen Sitz in München - nahm anlässlich eines Besuches am Schießunterricht der Offiziere teil und war von unserem „Zimmerschießplatz" so beeindruckt, daß er den Ersatzabteilungen der Feldartillerie befahl, ebenfalls so etwas einzurichten.

Da hatte ich mir etwas Schönes eingebrockt. Nun reisten die Kommandeure dieser Ersatzabteilungen - jeder an einem andern Tag - nach Garmisch, um sich unsere Anlage vorführen zu lassen. Ich fluchte innerlich, weil sie mir meine kostbare Zeit stahlen und sie fluchten wahrscheinlich auch, daß ihnen zusätzliche Arbeit aufgehalst wurde. Aber nützlich für die Ausbildung war die Sache auf jeden Fall.

„Von meinen Offizieren kannte ich die meisten, teils vom 1. Weltkrieg, teils von meinen Übungen her; auch von den Unteroffizieren und den Reservisten waren mir manche schon bei den Übungen begegnet. Das war viel wert, denn ich wußte dadurch, um ihre Fähigkeiten, kannte aber auch ihre Schwächen".

Die Chefs der drei Batterien, Beeri, Kachler und Hoffmann, gleich mir Hauptleute, jedoch mit jüngerem Rangdienstalter, hatten, gleichzeitig mit mir, schon an Übungen des GAR 79 teilgenommen; Beeri kannte ich schon seit unserer Jugendzeit und war ihm dann im 1. Weltkrieg in den Karpaten wiederbegegnet, wo er, bei der Bayrischen Geb. Kan. Battr. 7, im Nachbarabschnitt, eingesetzt war. Weder mit den Batteriechefs, noch überhaupt mit meinen Offizieren, hatte ich jemals Schwierigkeiten. Ich mußte, um die mir gestellte Aufgabe erfüllen zu können, viel von Ihnen verlangen, konnte das, da ich von mir selbst nicht weniger gefordert habe.

Die Erkenntnisse, die ich in Bezug auf Menschenführung im ersten Weltkrieg, und auch später im Berufsleben, gewonnen hatte, taten jetzt ihre Wirkung: „Achtung und Vertrauen kann man sich am besten durch eigenes Beispiel, durch Vorleben, erwerben." Das gilt ebenso für das Verhältnis des Offiziers gegenüber den Unteroffizieren und Mannschaften. Wenn der Gegenüber, dem Durchschnitt der Untergebenen wesentlich, ja oft mehr als um das Doppelte ältere Einheitsführer, bei auch ausgedehnten Märschen mit dem Rucksack auf dem Buckel, zu Fuß mitmarschiert, reißen sich auch die „Jungen" zusammen, und halten durch.

Bei der Gebirgstruppe wird das, dem Offizier zustehende, Reitpferd in der Regel nur im Einsatz benutzt, wenn es gilt, vor der Truppe einen Vorsprung zu gewinnen, um die notwendigen Erkundungen durchzuführen. Im unwegsamen Gebirge, wo Geschütze, Munition usw., verlastet werden müssen, entfällt das Reiten sowieso. Da muß man sich den Vorsprung vor der Marschkolonne dadurch verschaffen, daß man ein schnelleres Tempo vorlegt.

Bei der Ersatzabteilung mußte das Reiten hauptsächlich deswegen gepflegt werden, da die meisten der älteren Reserveoffiziere schon länger nicht mehr auf einem Pferd gesessen hatten. Es gehörte mit zum körperlichen Training. Die regelmäßigen Offizier-Reitstunden und Geländeritte leitete ich immer selbst; es machte ja auch mir Spaß, mitzureiten.

Auch die Berg-, und - im Winter - Ski-Touren, welche wir am dienstfreien Samstagnachmittag und Sonntags unternahmen, gehörten zum Körpertraining. Wir verbrachten das Wochenende meist auf der „Barbarahütte". www.barbarahuette.de/infos-barbarahuette.htm

Von dort aus unternahmen wir dann die Touren. Die Hütte liegt oberhalb des „Kreuzeck". Sie war Eigentum eines vom GAR. 79 gegründeten Vereins. Sie war bewirtschaftet und konnte ein gutes Dutzend Übernachtungsgäste in Einzel-, bzw. Doppelzimmern, aufnehmen. Außerdem gab es noch ein großes Matratzen-Lager. Dadurch konnten, von der Hütte aus auch, mehrtägige Hochgebirgsübungen, mit der Truppe, durchgeführt werden.

Die Ausbildung lief schon nach wenigen Wochen auf vollen Touren. Wir wußten ja nicht, wann vom Feldregiment der erste Ersatz angefordert würde, und wollten doch gut brauchbare Soldaten abstellen, wenn dann Ausfälle bei der Fronttruppe ersetzt werden mußten.

Der Polenfeldzug war schon nach fünf Wochen beendet. Das GAR. 79 hatte nur geringe Verluste und forderte erst einigen Ersatz an, als es bereits im Westen war und sich mit der 1. Gebirgsdivision vor einem Abschnitt der Französischen „Maginot-Linie" bereitstellte.

Die Engländer und Franzosen hatten zwar Anfang September 1939 Deutschland den Krieg erklärt, unternahmen aber, merkwürdigerweise, während des Angriffs auf Polen, nichts, obwohl wir an der Westgrenze nur schwache Kräfte stehen hatten, welche sich, hauptsächlich, auf die Verteidigung des eben fertiggewordenen „Westwalls" einrichteten.

So konnten die in Polen freigewordenen Divisionen, als zusätzliche, neu aufgestellte Divisionen, im Westen ungehindert aufmaschieren, und für den Angriff bereitgestellt werden. Und wir bei der Ersatzabteilung hatten Zeit zur gründlichen Ausbildung, welche wir nach wie vor, und eher mit noch mehr Nachdruck betrieben, denn es konnte ja jederzeit im Westen losgehen.

Der Dienst wurde mehr und mehr ins Gelände verlegt, verbunden mit gesteigerten Marschleistungen; schon Anfang November fanden Scharfschießen der Batterien aus Feuerstellungen, oberhalb der Barbarahütte, statt. Diese wurden im Winter wiederholt. Diesmal mit Transport der Geschützlasten auf breitkufigen Schlitten bis zum Hupfleitenjoch.

Ich legte großen Wert darauf, daß die Übungen im Gelände so wirklichkeitsnah wie möglich, mehrfach auch im Verband mit den Garmischer Gebirgsjägern, gestaltet wurden. Damit wurden auch Beobachtungs- und Feuerleitungsübungen durchgeführt, verbundenmit der Schulung der Offiziere und des Beobachtungs-, Fernsprech- und Funk-Personals.

<u>Des Öfteren hatten wir Besuch von höheren Vorgesetzten aus München.</u>

Garmisch war natürlich ein beliebtes Dienstreiseziel. Gerne auch mit einem Wochenendaufenthalt. Die Herren kamen in der Regel überraschend und mußten uns dann im Gelände suchen. Da konnten sie dann sehen, daß wir nicht auf der faulen Haut lagen.Sie hatten nie etwas auszusetzen und zogen nach einem Imbiss in unserer Kantine, befriedigt, wieder ab.

Einmal, glaube ich, war ein Besichtigender doch nicht so ganz zufrieden mit uns. Wir waren gerade auf dem Schießplatz in Lutten See, wo ein Scharfschießen im Abteilungsverband stattfinden sollte. Da wurde telefonisch der Besuch eines Generals angesagt, der uns „besichtigen" wollte.

Ich meldete, „dass wir gerade zum Scharfschießen nach Lutten See bei Mittenwald aufbrächen, wofür dort alles (Absperrung, Benachrichtigung der Bevölkerung usw.) schon eingeleitet sei". „Dann werde er dorthin kommen", sagte sein Adjutant, „wir sollten uns aber nicht stören lassen, lediglich ein Führer sollte bereitstehen", welcher den General zu unseren Stellungen bringen werde.

Wir ließen uns also nicht drausbringen, sondern wickelten unser Programm wie vorgesehen ab. Als wir gerade das erste Schießen beendet hatten, kam von der Feuerstellung der Batterie, die nur eine halbe Stunde Aufstieg, von der Luttenseekaserne aus, erforderte, die Meldung, daß der General eingetroffen sei und sein Adjutant mich am Telefon sprechen wolle. Dieser sagte mir, daß der General an der Schießübung selbst nicht interessiert sei, sondern sich lediglich über den Stand der Gasschutzausbildung unterrichten wolle. Es stellte sich heraus, daß der Generalleutnant, - seinen Namen weiß ich nicht mehr - der sich bereits im Ruhestand befunden hatte, und der bei Kriegsausbruch wieder „ausgegraben" wurde, „Gasschutz-Beauftragter" des Ersatzheeres war und nun, als Solcher, bei den Ersatz-Truppenteilen herumreiste.

Der General wollte, bis ich mit den Batteriechefs von den Beobachtungsstellen, bzw. meinem Leitungsgefechtsstand, in der Feuerstellung der untersten Batterie eingetroffen sei, sich dort „malumsehen" und dann anschließend am Gasschutzunterricht einer anderen Batterie teilnehmen. Bei diesem Unterricht sollten alle Offiziere der Abteilung, sowie die Gasschutzunteroffiziere der Batterien, zugegen sein.

Ich erklärte das Scharfschießen für diesen Tag als beendet. Dann befahl ich das Einrücken der beiden oberen Batterien, sowie die Bereitstellung der Tragtiere der untersten Batterie, damit auch diese rasch einrücken konnte, wenn die „Besichtigung", in der Stellung, beendet war. Für den Gasschutzunterricht wurde eine der anderen Batterien ausgewählt, deren Gasschutzunteroffizier, ein alter aktiver Wachtmeister, diese Funktion schon beim GAR 79 ausgeübt hatte.

Wir liefen im Eiltempo den Berg herunter, und als ich mich mit meinen Batteriechefs beim General meldete, hatte dieser bereits Gasalarm geben lassen und war von Geschütz zu Geschütz gegangen, um sich das Verhalten der Geschützbedienungen anzusehen und Fragen zustellen. Ich merkte schon, daß er von dem bisher Gesehenen nicht besonders angetan war und sah daher dem nun, in der Kaserne, folgenden Unterricht mit gemischten Gefühlen entgegen. Wir hatten bisher in der Gasschutzbelehrung nur das Allernotwendigste getan, denn die Gelände- und Gefechtsausbildung hatte vor allem Anderen Vorrang.

Nach den Erfahrungen im ersten Weltkrieg war die Anwendung von Giftgas eine sehr zweischneidige Sache, denn oft bei wechselndem Wind z. B. - schädigte es die eigene Truppe, und im Gebirge konnte es überhaupt nicht verwendet werden, da die Auf- oder Fall-Winde an den Hängen, es rasch aus dem Ziel, in die eigenen Linien tragen konnten.

In den Feuerstellungen der Batterien hatte es dann eine lähmende Wirkung, weil die Weitergabe von Schießkommandos, unter der Gasmaske, nicht gut möglich war. Man konnte bestenfalls festgelegtes Sperrfeuer schießen, insofern dieses von der Infanterie, mit Leuchtzeichen, angefordert wurde. Unsere skeptische Einstellung gegenüber der Anwendung von Giftgasen sah sich übrigens, im ganzen zweiten Weltkrieg bestätigt: „Obwohl beide Seiten über Gasgranaten verfügten, wurden sie nie angewendet".

Keiner wußte, welch' noch gefährlichere Gifte inzwischen entwickelt wurden oder noch entwickelt werden würden. Das bloße Vorhandensein von Giftgasbeständen auf beiden Seiten, hatte die gleiche abschreckende Wirkung, wie sie Atomwaffen seit ihrer erstmaligen Anwendung durch die Amerikaner im August 1945 (Abwurf auf Hiroshima/Japan) heute haben.

Den Behälter mit der Gasmaske, der zur feldmäßigen Ausrüstung gehörte, mußten wir während des ganzen zweiten Weltkriegs mit uns herumtragen, sogar auch im Urlaub. Gebraucht haben wir die Maske nie.

Der Gasschutzunteroffizier der 3. Batterie machte seinen Unterricht ganz ordentlich. Er sprach von der Anwendung der Kampfgase im ersten Weltkrieg, ihren verschiedenen Arten und deren Wirkung. Daraufhin erklärte er dann die Gasmaske, ähnlich wie man die Bestandteile einer Waffe aufzählt, und zeigte, wie man sie aufsetzt und wiederholte das Gesagte im Frage- und Antwortspiel. Alles nach Art, Sprache und Dialekt, wie sie unsere „Älpler"am besten verstehen.

Der preußische General verstand sicher noch nicht einmal die Hälfte von dem, was der Oberbayer sagte und griff schließlich beim Vorführen der Gasmaske selber ein und erklärte in reinstem Hochdeutsch, wie man sie dem Behälter entnimmt, mit den gespreizten Fingern, beider Hände, die Gummibänder ordnet und die Maske behutsam so aufsetzt, daß sie überall am Kopf dicht anliegt. Nach Beendigung des Unterrichts sprach der General noch zu den Offizieren.

Er übte zwar keine Kritik an dem Gesehenen und Gehörten, man merkte aber doch deutlich, daß nach seiner Ansicht, im ganzen Heer, der Schutz gegen Kampfgase nicht genügend ernst genommen werde und daher bei der Ausbildung zu kurz komme.
Ich lud den General zu unserem gemeinsamen Essen in der Lutten See-Kantine ein.Nach dessen Einnahme er sich bald verabschiedete, nicht ohne sich in unserem Gästebuch verewigt zu haben.

Ein junger, malbegabter Leutnant hatte schnell zur Überschrift eine ziemlich freche Karikatur entworfen, die eine mit gespreizten zehn Fingern hochgehaltene Gasmaske darstellte. Mit etwas süß-saurer Miene setzteder General als Erster seine Unterschrift darunter.

https://de.m.wikipedia.org/wiki/Unternehmen_Weserübung

Nach der im April erfolgten Besetzung von Dänemark und Norwegen (Narvik) begann am 10. Mai 1940 der Westfeldzug. Belgien und Holland wurde erobert. Schon nach knapp drei Wochen standen deutsche Truppen bei Abbéville und Calais am Kanal, und hatten die Belgischen, Holländischenund Britischen Armeen, von den Franzosen getrennt und umklammert.

Diesmal war der rechte Flügel der deutschen Armeen stark genug. Die Belgier und Holländer kapitulierten. Die Briten konnten unter Zurücklassung allen Kriegsmaterials bei Dünkirchen über den Kanal entkommen.

Die Maginotlinie zwischen Maubeuge und Sedan war aufgerissen und die deutsche Armee im Vordringenauf Paris. Die 1. Gebirgsdivision mit unserem GAR 79 stand am Aisne-Oise-Kanal. Sie hatte bisher verhältnismäßig geringe Verluste. Aber die Lücken mußten wieder aufgefüllt werden, bevor die zweite Phase des Feldzugs begann, bei welcher die bisher stehen gebliebene Front, zwischen den Ardennen und der Schweizer Grenze, in Bewegung kommen sollte.

https://youtu.be/fwhCDZ0w1PA

Bei der Ersatzabteilung bekamen wir nun Ersatzanforderungen. Ein Transportvon 60 Mann, darunter zwei Offiziere, wurde eilig in Marsch gesetzt.

Die zweite Phase des Frankreichfeldzugs erforderte aber auch noch neue Divisionen, die in aller Eile aufgestellt werden mußten.

U. A. wurde noch eine Gebirgsdivision für den Durchbruch durch die Vogesen gebraucht. Sie sollte schon am 10. Juni marschbereit sein. In Garmisch erfuhren wir davon erst am 30. Mai, als bei mir Oberstleutnant Trübswetter erschien, und sich als der Kommandeur des neu zu bildenden Geb.Art. Regt. 118 vorstellte. Wir kannten uns schon lange.

Im ersten Weltkrieg, als ich eine Zeitlang an der Artillerie-Gebirgsschieß-Schule Sonthofen war, nahm er als junger Leutnant an einem der Lehrgänge teil. Später trafen wir uns als Zivilisten wieder bei der Einweihung des Gebirgs-Artillerie-Ehrenmals in Sonthofen, und als ich 1935 die Auswahlübung in Landsberg machte, wurde ich zufällig der, damals, von ihm geführten Batterie zugeteilt.

Das war zu der Zeit ein besonderer Glücksfall, denn er schanzte mir bei der Zuteilung der Reitpferde ein recht gutes Pferd zu. Sonst pflegte man bei solchen Übungen nicht gerade die besten Tiere zur Verfügung zu stellen.
Jetzt konnte ich mich für sein damaliges Entgegenkommen revanchieren.

Ich versprach ihm alle nur mögliche Unterstützung bei der Aufstellung seinesRegiments. Vor allem bei der Auswahl der, von der Ersatzabteilung, zu stellenden Offiziere, Unteroffiziere und Mannschaften.

Es waren turbulente Tage, wie bei einer Mobilmachung. In Garmisch wurden der Regimentsstab und die komplette Regiments Stabsbatterie aufgestellt. Für die Gebirgs Batterien hatten wir einen Teil des Personals feldmarschmäßig, ausgerüstet, bereitzustellen und zu dem Truppenübungsplatz Heuberg in Marsch zu setzen, wo sie dann, endgültig, gebildet wurden. In gleicher Weise hatten die Ersatzabteilungen in Hall/Tirol und Graz/Steiermark das Personal zu liefern. Oberstleutnant Trübswetter hatte es natürlich sehr eilig, denn er wollte so schnell als möglich auf dem Heuberg sein, um bei der Zusammenstellung der Geb. Art. Abteilungen zugegen zu sein.Am 10. Juni sollte er ja schon die Marschbereitschaft melden.

Außer zwei Abteilungen Gebirgsartillerie gehörte ja noch eine pferdebespannte Feldhaubitz-Abteilung und eine motorisierte Schwere Abteilung zum Regiment. Diesewurden nicht von uns, der Gebirgs - Ersatz - Abteilung, sondern von den Ersatzabteilungen der Feld- bzw. der Schweren Artillerie zur Verfügung gestellt..

Damit Trübswetter sofort mit der Arbeit beginnen konnte, stellte ich ihm die leerstehenden Geschäftszimmer der 1. Abt. 79 zur Verfügung, gab ihm Oberleutnant Schoell als Adjutanten, und meinen bisherigen Adjutanten, Leutnant Stinglwagner, als Ordonnanzoffizier. Dazu noch, das zunächst nötige Personal. Von beiden Offizieren trennte ich mich schwer, aber sie eigneten sich am besten für diese Posten. Schoell, mit dem ich zusammen schon mal eine Reserveübung gemacht hatte, war ein in Stuttgart, ansässiger Österreicher. Er war dort Leiter der Niederlassung einer Münchner Obst- und Gemüse-Import-Firma. Von daher in geschäftlichen Dingen sehr gewandt und außerdem ein sehr pflichtbewusster Offizier.

Stinglwagner war aktiver Offizier des GAR 79, hatte bei Beginn des Polenfeldzugs zurückbleiben müssen, weil er gerade aus dem Lazarett entlassen worden war, wo ihm, nach einem schweren Motorradunfall, eine Niere wegoperiert wurde. Beide Offiziere waren nervlich sehr belastbar und daher besonders geeignet, die ungestüme Landsknechtnatur Trübswetter zu besänftigen.

Bei der Ersatzabteilung ruhte der reguläre Dienstbetrieb in diesen Tagen fast vollständig. Denn Alles mußte zusammenhelfen um die neuen Formationen, rechtzeitig und gut ausgestattet, auf die Beine zu stellen.

Schon am 5. Juni konnte die Verladung nach dem Heuberg erfolgen.

Nachdem ich die nun aus der Ersatz Abteilung Ausscheidenden auf dem Kasernenhof verabschiedet hatte, begleitete ich sie zum Verladebahnhof und blieb dort bis zur Abfahrt des Transportzuges. Trübswetter, der sich sehr für die Unterstützung bedankte, konnte zufrieden sein. Ich hatte ihm das Beste, was ich zur Verfügung stellen konnte, mitgegeben. Die Front sollte gut ausgebildete Kräfte bekommen, das war ja der Zweck meiner Aufgabe.

In der Ersatzabteilung mußte ich nun Umgruppierungen vornehmen, denn die Stellen der abgegebenen Offiziere und Unteroffiziere mußten ja wieder besetztwerden. Das war bald geschafft. Zumal wir wieder Zuwachs an Offizieren bekamen, welche im Polenfeldzug verwundet worden waren und jetzt genesen aus den Lazaretten entlassen wurden.

Als Adjutanten nahm ich, aus diesen Neuankömmlingen, den Leutnant Benz; er gehörte zum aktiven Offizierskorps des GAR 79 und war mir vom Regt. Kdr. (Regiments Kommandeur) Wintergerst, anlässlich eines kurzen Urlaubs seinerseits, besonders empfohlen worden. Der sympathische Offizier mußte leider früh sterben. Wie ich später, als ich nicht mehr in Garmisch war, erfuhr, mußte er sich den Blinddarm herausnehmen lassen. Er starb nicht an dieser Operation, sondern an einer Quecksilber-Vergiftung. Bei einer Temperaturmessung im Darm zerbrach das Fieberthermometer und das Quecksilber blieb im Darm zurück. Er war nicht mehr zu retten. So mußte dieser frische, fröhliche Mensch, und tüchtige Offizier, auf solch elendige Weise sein Leben lassen!

Auf dem Heuberg muß es wie auf einem Ameisenhaufen zugegangen sein. Von den Ersatztruppenteilen in Bayern und Österreich trafen Gebirgsjäger, Artilleristen, Sanitätspersonal, und was sonst alles dazu gehört, ein. Vielfach noch unvollständig ausgerüstet. Aus diesem „Haufen" sollte nun, innerhalb weniger Tage, eine kampffähige Gebirgsdivision geschaffen werden.

Das war eine schwere Arbeit. Zumal alles unter größtem Zeitdruck zu geschehen hatte. Der Divisionskommandeur, der energische Oberst Schörner und seine beiden Führungsgehilfen, Hauptmann Gartmayr (1a), und Hauptmann Vogl (1b), schafften es, daß die Division am 12. Juni den Marsch zum Rhein antreten konnte, um wenigstens noch für den Durchbruch durch die Vogesen zur Verfügung zu stehen.

„Die beiden Generalstabsoffiziere hatten die Hauptlast der Arbeit. Sie mußten dafür sorgen, daß alles, was an Ausrüstung und Personal noch fehlte, herankam oder, der auf dem Marsch befindlichen Truppe, noch zugeführt wurde"

Die Armee, welcher die 6. Geb. Div. unterstellt war, hatte inzwischen den Rheinübergang erzwungen und war dann mit ihren Panzer- und motorisierten Kräften gut vorangekommen. Die neu aufgestellte Division, welche schon fünf Tage marschiert war, trennten noch 70 km von der kämpfenden Front. Sie mußte sich beeilen, um noch rechtzeitig zum Einbruch in die Mittleren Vogesen zugegen zu sein, denn dort war noch starker Widerstand und geländemäßig, mit motorisierten Kräften, nicht viel auszurichten.

Nun, die 6. Geb. Div. kam gerade noch zurecht, um den Einbruch in die Vogesen mitzumachen und dadurch, denen, entlang den Straßen operierenden, motorisierten Verbänden, den Durchbruch zu erleichtern.

Der Einsatz dauerte nur noch drei Tage. Aber er war hart und kostete auch Verluste.

Am 22. Juni 1940 kapitulierte das gesamte Französische Heer!

Bei der Ersatzabteilung verfolgten wir natürlich die Ereignisse, im Elsass und in den Vogesen, mit größtem Interesse. Waren jetzt doch auch von uns ausgebildete Soldaten dabei, geführt von Offizieren, die uns persönlich nahestanden. Mehr als die Wehrmachtsberichte sagten, wußten wir zunächst natürlich nicht. Aber dann kamen über unsere vorgesetzte Dienststelle in München Ersatzanforderungen. Nicht viele, also waren die Verluste nicht allzu groß.

Eine Anforderung betraf mich persönlich. Oberst Metscher rief mich an, daß ich von der 6. Geb. Division dringend angefordert sei. Der Kommandeur der 1. Abteilung des GAR 118 sei schwer verwundet worden, ich solle die Abteilung übernehmen. Die Ersatzabteilung sollte ich zunächst dem Dienstältesten Hauptmann (Hoffmann) übergeben, wer sie endgültig bekäme, würde noch entschieden. Eine Abmeldung in München sei nicht nötig, er (Metscher) werde nach Garmisch kommen, um mich zu verabschieden. Er lasse mich ungern gehen, könne aber verstehen, daß ich mich freute, „hinaus" zu kommen.

Er kam tatsächlich und verabschiedete mich vor der gesamten, auf dem Kasernenhof, angetretenen Abteilung, von der auch ich Abschied nahm und mich bedankte. Zu einem internen Abschiedsabend im Kreis meiner Offiziere reichte es nicht mehr, da ich am gleichen Tag noch abreisen mußte, um unterwegs, daheim in Bad Cannstatt, noch unterbrechen zu können. Ich sagte nach dem gemeinsamen Mittagessen nochmals Dank und Lebewohl, von Vielen, mit der Bitte bestürmt, sie doch namentlich anzufordern, sobald Bedarf einträte.

Dann ging es, zusammen mit meinem Burschen Wieland, ab nach Hause, zum Abschied von Frau und Familie und zum Richten des, nun mehr auf den vorgeschriebenen Offizierskoffer, den Rucksack, und den Schlafsack, beschränktes Gepäck.

Wo ich das Regiment 118 finden würde, sollte ich in Schlettstadt (Elsass) erfragen. Zunächstging es nun nach Freiburg im Breisgau. Dort mußte ich sehen, wie wir nach Schlettstadt kämen, denn eine Bahnverbindung gab es noch nicht.

### Beim Gebirgsartillerie-Regiment 118 (6. Geb. Div.)

Am 30. Juni fuhren wir bis Freiburg. Dort mußten wir übernachten, da mein, als Passagiergut, aufgegebener Koffer noch nicht da war. Am Abend saß ich bei einem guten Glas Wein im Hotel „Falken" und erinnerte mich der schönen Stunden, die ich vor Jahren, mit meiner lieben Frau, nach einer Fußwanderung (mit Rucksack) von Wildbad bis Badenweiler (Höhenweg Pforzheim-Basel) hier verbringen durfte.
Am nächsten Morgen war das Gepäck da und wir konnten mit einer LKW Kolonne, zunächst nach Colmar, fahren. An den zerstörten Bunkern der Französischen

Rhein-Befestigungen vorbei; immer wieder aufgehalten durch endlose Marschkolonnen von Französischen Kriegsgefangenen, gelangten wir schließlich, am späten Nachmittag, zur deutschen Kommandantur in Colmar.

Dort konnte ich mich telefonisch mit Oberstleutnant Trübswetter verständigen, der mit seinem Stab in St. Dié lag. Dorthin gelangten wir noch, in der Nacht, mit einem Sanitätsauto.

Von dem nur wenige Tage dauernden Einsatz seines Regiments war Oberstleutnant Trübswetter nicht restlos begeistert. Er konnte zwar noch mit zu dem schnellen Erfolg beitragen, weil er persönlich und mit den Offizieren seines Stabs überall da eingriff, wo es Reibungen und Schwierigkeiten gab. Mit den Leuten, die er von Garmisch mitbekommen habe, sei er voll zufrieden gewesen, dagegen wären unter den Offizieren, die er von den ErsatzAbteilung Hall/Tirol und Graz/Steiermark für die Batterien erhalten habe, einige Versager gewesen, die er bereits zurückgeschickt hätte, oder noch heimschicken werde, sobald Ersatz dafür da sei.

Und dabei sollte ich ihm helfen. Er wolle in Garmisch Offiziere mit Namen anfordern, die ich ihm empfehlen könnte. Ich nannte ihm einige Kameraden, die ich für geeignet hielt und welche mich beim Abschied bestürmt hatten, ich möchte sie bei erster Gelegenheit anfordern.

Da sich unter den zur Ersatz-Abteilung Zurückgeschickten auch der Adjutant und ein Batteriechef der künftig von mir geführten 1/118 befanden, rang ich, für meine Adjutanten Stelle, seinen Ordonnanzoffizier

Leutnant Stinglwagner ab, der schon in Garmisch mein Adjutant war. Er konnte mir diese Bitte nicht abschlagen, nachdem ich ihm, in Garmisch, beider personellen Ausstattung seines Stabs, der Regt.-Stabsbatterie und des Regt.-Nachrichtenzugs, so geholfen hatte.

Trübswetter hätte mich noch die Nacht dabehalten, um mit mir seine Probleme zu besprechen, ich bestand aber darauf, noch in die Unterkunft der 1/118 gebracht zu werden; eine etwa 5 km westlich von St. Dié befindliche Ortschaft. Stinglwagner sollte dann am nächsten Morgen nachkommen.

Ich war froh, doch noch - wenn auch spät - losgekommen zu sein, und in dem benachbarten Dorf, ein sauberes Quartier mit gutem Französischem Bett vorgefunden zu haben.

Stinglwagner hatte die Bereitstellung telefonisch veranlasst; er selbst übersiedelte am nächsten Morgen und trat sein Amt als Adjutant an. Ich ließ die Offiziere der Abteilung zusammenrufen, um mich vorzustellen und sie, als der neue Kommandeur, zu begrüßen.

Vorher hatte sich schon der älteste Batteriechef gemeldet, welcher die Abteilung stellvertretend führen mußte, nachdem der Abteilungs-Kommandeur Hauptmann Sommer, beim letzten Einsatz, vor dem Waffenstillstand, verwundet worden war. Er war sichtlich erleichtert, wieder zu seiner Batterie zurückzu können, denn Trübswetter hatte sich, nach der Verwundung Sommer's, besonders um die Abteilung „angenommen" und da hatte er es nicht leicht.

Von den jungen Offizieren kannte ich einige aus der Zeit meiner Übungen. Sie dienten damals aktiv und waren dann Reserve-Leutnants geworden.

Zwei davon gehörten zum Abteilungsstab als Ordonnanzoffizier, bzw. Führer des Nachrichtenzugs. Lt. Müller, Hoteliers-Sohn aus Bad Nauheim, war mein Ord. Offz., während der ganzen Zeit, in welcher ich die 1/118 führte. Lt. Krumpipe, ein westfälischer Gutsbesitzersohn, war später mein Adjutant, als Stinglwagner Batteriechef wurde. Leider wurde der prächtige Soldat in den Kämpfen vor Murmansk schwer verwundet und starb auf dem Transport zum Verbandplatz.

Da ich mich am Nachmittag beim Divisionskommandeur, Oberst Schörner, melden mußte, konnte ich erst am frühen Abend zu der, auf dem Appellplatz angetretenen, Abteilung sprechen.Schörner erinnerte sich an mich vom „Einmarsch in Innsbruck" her,und war wohl auch durch Trübswetter über mich informiert worden. Offenbar in für mich günstigem Sinn, denn er zeigte sich - was sonst nicht seine Art war - ausgesprochen wohlwollend.

Am späten Nachmittag begrüßte ich dann meine, bis auf wenige Wachposten, vollzählig, angetretene Abteilung. Darunter Viele, die mir schon bei meinen Übungen im aktiven Regiment 79, oder beim „Einsatz Österreich" begegnet waren, oder die in meiner Garmischer Ersatzabteilung ausgebildet wurden.
Ich führte aus, daß für den Frankreich-Feldzug, in seiner letzter Phase, die eilig aufgestellte 6. Geb.Div. gerade noch tätig werden konnte. Die sich schon abzeichnenden Niederlage der Franzosen jedoch kaum die Beendi-

gung des Krieges bedeutete, sondern daß wir damit rechnen müßten, bald für neue Aufgaben eingesetzt zu werden. Das bedeutete, daß wir die zunächst vorgesehene Verwendung als Besatzungstruppe in Frankreich benutzen müßten, um in kürzester Zeit und in enger Zusammenarbeit mit den Gebirgsjägern zu einer voll kampfkräftigen Division zu werden.

Die nächste Zeit werde also mit körperlichem Training durch sich steigernde Marschleistungen, mit Gefechtsübungen bis zum Divisions-Verband und mit Scharfschießen aller Waffen ausgefüllt sein.

Da wir demnächst, an Stelle dem noch aus dem 1. Weltkrieg stammenden Skoda Geschütz, das neue, als Haubitze entwickelte, mit wesentlich größerer Schussweite ausgestattete, „Gebirgsgeschütz 36" erhalten sollten, mussten wir uns schleunigst mit der besseren Bewaffnung vertraut machen.

Wie viel Zeit uns dafür bleibe, wusste im Augenblick niemand. Auf jeden Fall sei Eile geboten, um das, vom Divisionskommandeur, gesetzte Ziel zu erreichen. Es sei nicht vorauszusehen, welchen Verlauf der Krieg nach einer Kapitulation Frankreichs nehmen werde. Auf vage Hoffnungen, und auf eine baldige Beendigung, dürften wir uns keinesfalls verlassen. Die Gewinnung der vollen Einsatzfähigkeit erfordere die volle Hingabe jedes Einzelnen. Von keinem meiner Männer würde ich aber mehr verlangen als ich von mir selber forderte. Ich würde meine ganze Kraft, meine Sachkenntnis und meine Kriegserfahrung daran setzen, um die mir anvertraute „1/118" gut zu führen!

Die leuchtenden Augen meiner Soldaten, unter denen viele waren, die mich von Garmisch her kannten, sagten mir, daß ich verstanden wurde und daß man mir Vertrauen entgegen bringe. Mir lag daran, mit meinen Worten auch mich selbst für alle Zukunft festzulegen, eingedenk der Erkenntnisse, welche ich hinsichtlich der Menschenführung im ersten Weltkrieg gewonnen habe und die mir auch im zivilen Leben, als Richtschnur, dienten:

Wenn es darum geht, sich durchzusetzen und Vertrauen zu gewinnen, zählt mehr, als alles andere, das eigene Beispiel!

Gelegenheit sich selber zu bewähren, gab es im Verlauf des Krieges mehr als genug. Schon in der Nacht, als ich gerade meine Abteilung übernommen hatte, kam der Divisionsbefehl für eine am 3. Juli beginnende Marschbewegung:

„In acht Tagen – sechs Marsch - und zwei dazwischengeschalteten Rasttagen –, wurde die Division aus dem Raum St. Dié nach der 240 km entfernten Schweizer Grenze, bei Pontarlier, verlegt.

Das bedeutete marschtäglich, durchschnittlich 40 km. Für den Anfang eine schöne Leistung. Zum eigenen Training marschierte ich jedes Tagespensum zu Fuß mit. Von Zeit zu Zeit ließ ich die Abteilung an mir vorbeimarschieren, um die Marschordnung zu kontrollieren - das war bei der noch ungeübten Truppe nötig - behielt ich meinen Motorradfahrer bei mir, um gleich wieder an die Spitze der Abteilung zu gelangen. Dann ging es wieder zu Fuß weiter.

Größere Marschbewegungen - einige bis zu 60 km Tagesleistung - gab es im Verlauf des Krieges häufig, sei es anfangs zum Training, sei es zur Erreichung der Aufmarschgebiete an den verschiedenen Fronten.

Ich habe einmal zusammengerechnet, wieviel Kilometer ich mit dem Rucksack auf dem Buckel zu Fuß zurückgelegt habe und bin auf nahezu 3.000 km gekommen.

Dabei nicht mitgerechnet die Wege, die ich im Gebirge bei Erkundungen und im Stellungs-Gelände machte. Da ließ ich den Rucksack bei den Tragtieren zurück, weil ich ja Vorsprung vor der anmarschierenden Abteilung gewinnen, also im Eiltempo gehen, bzw. - im Gebirge steigen -, musste, um die notwendigen Vorbereitungen zum Instellunggehen zu veranlassen.

Es war immer eine ziemliche Hetzerei für alle, die bei der Erkundung und Einweisung in die Stellungen dabei sein mussten (Batteriechefs mit Beobachtungspersonal usw.). Wenn es sehr eilte, konnten wir den Vorsprung vor den Batterien nur dadurch hereinholen, daß wir den Berg direkt angingen, während die Muli, mit den verlasteten Geschützen, in Serpentinen geführt werden mußten, damit Abstürze vermieden wurden.

Im Raum Pontarlier blieben wir nur knapp zwei Wochen. Als Unterkunft war der Abteilung ein, dicht an der Schweizer Grenze liegendes, Französisches Fort zugewiesen. Seine schweren Geschütze zeigten in Richtung Schweiz. Die Franzosen hatten nämlich damit gerechnet, die Deutschen würden über Schweizer Gebiet angreifen.

Als dann die Kapitulation der Vogesen-Front erfolgt war, wurde das Fort von den Franzosen geräumt, ohne daß überhaupt Kämpfe stattgefunden hatten. Geschütze und Munition ließen sie unversehrt zurück. Dagegen plünderten sie die Unterkünfte (Kasematten) nach Vorräten und sonstigem Mitnehmenswerten aus. Sie hinterließen die Räume, die uns als Unterkunft dienen sollten, in einem unbeschreiblichen Zustand; so daß wir Tage brauchten, um den Dreck zu beseitigen.

Während dieser Aufräumzeit mußten wir, bei strömendem Regen, biwakieren. Nach der Säuberung der Kasematten konnten unsere Leute, bei engster Belegung, wenigstens im Trockenen unterkommen. Die sanitären Verhältnisse waren jedoch verheerend. In dem überall in der Umgebung des Forts herumliegenden Müllhaufen hausten hunderte von Ratten, welche auch in die Unterkünfte hereinkamen, um nach Nahrung zu suchen.

Ich meldete dem Regiment, unter Beifügung des Berichts meines Abteilungsarztes, daß Seuchengefahr bestehe und ich es nicht verantworten könne, mit meiner Truppe noch länger hier zu hausen.

Das wirkte. Trübswetter setzte bei der Division durch, daß wir Unterkünfte in Vororten von Pontarlier zugewiesen bekamen. Diese waren dann ganz ordentlich, allerdings war es nur für kurze Zeit, dann hieß es wieder marschieren.

Zunächst in die Gegend von Lyon. Vondort aus erreichten wir, mit mehrtägigem Bahntransport über Paris, eine Ausladestation in der Normandie und von da ab marschierten wir in den Raum zwischen Le Havre und

Abbéville, wo wir in einem kleinen Seebad, in der Nähe der Weltbadeorte Trouville und Deauville, Unterkunft fanden. Was wir hier sollten, erfuhren wir schon in der Nähe von Paris.

Dort wurden unserem Transport einige Waggons angehängt, auf denen unsere 12 neuen Gebirgsgeschütze, samt dem dazugehörenden Gerät, verladen waren. Die alten Skodakanonen konnten wir am Ausladeort zurücklassen. Von da aus wurden sie der Heimat zugeführt. Die neuen Geschütze in Fahrstellung zu fahren, war kein Problem und mehr brauchten wir hier, im ebenen Küstengelände, vorerst nicht.

Wichtig war jetzt in erster Linie, daß die Geschützbedienungen rasch mit den modernen Richt- und Ziel-Geräten vertraut wurden, und daß die Schießenden sich mit den neuen Schußtafeln beschäftigten. Denn jetzt verfügten wir über größere Schußweiten (9.000 m in der Horizontale) und konnten durch zusätzliche Pulverladungen, nach Bedarf, im Flachbahn- oder im Bogenschuß wirken.

Schon am dritten Tag, nach der Ankunft an der Küste, war schon das erste Scharfschießen mit den neuen Geschützen angesetzt, zu dem sich auch der Divisionskommandeur angesagt hatte.

Wer davon träumte, sich ein paar Tage am Strand sonnen zu können, sah sich enttäuscht, denn der Dienst ließ einem keine Zeit. Außerdem war das Wasser noch sehr kalt.

In kürzester Zeit mußte für die Schießübungen ein geeignetes Stellungs-, Beobachtungs- und Zielgelände erkundet werden. Auch Absperrmaßnahmen, sowie die Benachrichtigung der Einwohner, mussten veranlasst werden.

Dies alles zu organisieren fiel mir nicht schwer, denn ich hatte ja oft genug solche Scharfschießen anzulegen gehabt. Sowohl im ersten Weltkrieg, während meiner Tätigkeit an der Artillerie-Gebirgs-Schießschule in Sonthofen, als auch in Garmisch und Lutten See, als Kommandeur der Ersatzabteilung 79 in den Jahren 1939/40.

Im Besatzungsgebiet war alles viel einfacher. Da brauchte man nicht auf so viele behördliche Vorschriften zu achten, wie im Heimatgebiet. Bauchweh hatte nur mein Regimentskommandeur, der fürchtete, daß es bei so kurzer Vorbereitungszeit nicht klappen könnte und wir uns womöglich blamieren würden.

Nun, das Schießen fand wie vorgesehen statt und ich fing pünktlich mit der Erteilung meiner Schießaufgaben an, als auch noch kein Divisions-Kommandeur da war.

Den Regimentskommandeur, der mir reichlich nervös schien, platzierte ich auf einen nahe gelegenen „Feldherrenhügel", damit er sich dem Div.-Kommandeur „widmen" und mir nicht ins Handwerk „pfuschen" konnte. Schörner war schon während der ersten Schießaufgabe erschienen.

Alles ging jetzt programmgemäß und in Ruhe über die Bühne. Beschossen wurden alle Arten von Fern- und Nahzielen. U. a. auch von See heranfahrende Landungsboote - durch Schleppscheiben dargestellt - und auf nächste Entfernung, im direkten Schuß, durchgeführte Bunkerbekämpfung.

So wurden die Wirkungsmöglichkeiten unserer neuen Geschütze in allen Variationen gezeigt und auf die wesentlichen Verbesserungen aufmerksam gemacht. Schörner war von dem Gesehenen sichtlich beeindruckt.

Nach der Schlußbesprechung, welche ich vor den Offizieren und Dienstgraden meiner Abteilung, in Gegenwart des Divisions- und des Regimentskommandeurs, zu halten hatte, sprach Schörner seine Anerkennung über die Anlage, Leitung und Durchführung der Schießübung und die Leistungen der Batterien aus, und erwähnte insbesondere meine Schlussbesprechung, welche ihm sehr gefallen habe. Er kam wenige Tage später nochmals auf dieses Schießen zusprechen, anlässlich einer im Stadttheater von Le Havre abgehaltenen Offiziersversammlung.

Schörner pflegte von Zeit zu Zeit die Offiziere seiner Division um sich zu versammeln, kritisierte, was ihm, noch nicht, an der „Elite-Truppe" gefiel, welche er schaffen wollte. Er sparte aber auch nicht mit Anerkennung, wo diese am Platze war.

Wenn mein wortkarger Regimentskommandeur sich nach dem Schießen auch zu einem Lob durchrang, bedeutete das schon viel. Er sagte zu mir: „No, s'isch ganz guet g'laufe, dös können's scheint's!"

Jedenfalls, die Hauptsache war, daß er mir in Zukunft nichts mehr hineinredete und mich schalten und walten ließ, wie ich wollte.

Nach noch zwei weiteren Übungsschießen, die ebenso glatt verliefen, war unser Aufenthalt an der Küste zunächst beendet und wir wurden nun ca. 50 km ins Hinterland verlegt.

### Unternehmen Seelöwe

Von der Geheimnistuerei wegen der künftigen Verwendung der 6. Geb. Div. wurde nun ein wenig der „Deckel gelupft": Bei der Offiziersversammlung, in Le Havre, Anfang August 1940, deutete Schörner an, daß eine Landungsoperation gegen England ins Auge gefasst sei, und daß in diesem Fall unsere Division dazu ausersehen sei, als erste den „Sprung über den Kanal" zu tun, um dort einen „Brückenkopf", für die Anlandung weiterer Truppen, zu bilden. Die Invasion sollte, unter dem Decknamen „Seelöwe", vorbereitet werden.

Dazu kurz eine Schilderung der vorausgegangenen Ereignisse: „Der rechte Flügel des, im Westfeldzug, eingesetzten Heeres hatte, in stürmischem Vordringen, die Holländischen und Belgischen Truppen überrollt und zur Kapitulation gezwungen, und stieß nun gegen das Britische Expeditionskorps vor. Schlug dieses entscheidend, und drängte es auf Dünkirchen zurück, wo es auf engem Raum, mit dem Rücken am Kanal, umklammert wurde.

General von Rundstedt hatte bereits Befehl gegeben, die schwer geschlagene, rund 350.000 Mann starke, Britische Armee anzugreifen und zur Kapitulation zu zwingen. Dies wäre mit Sicherheit gelungen, denn die Engländer hatten in den vorausgegangenen Kämpfen viel Kriegsmaterial, besonders auch Panzer, und auch schwere Artillerie verloren.

Unbegreiflicher Weise wurde der bereits angelaufene Angriff durch „Führerbefehl" plötzlich abgestoppt!

Man hörte später die Begründung für diesen Befehl, Hitler sei durch seinen Geheimdienst davon unterrichtet worden, daß England nach den bisherigen, schweren Niederlagen bereit sei, in Friedensverhandlungen einzutreten. Voraussetzung sei aber ein sofortiger Waffenstillstand, um weiteres Blutvergießen zu vermeiden.

In Wahrheit handelte es sich bei der „Geheiminformation" um einen raffinierten Schachzug Winston Churchills, durch welchen es gelang, innerhalb einer Woche (bis zum 4. Juni 1940) mit allem erdenklichen Schiffsmaterial 338.000, ausgebildete Britische, Soldaten auf die Insel zurückzuholen.

Nur die Nachhuten gerieten in Gefangenschaft. Das gesamte der Armee noch verbliebene Kriegsmaterial ging natürlich verloren, jedoch, dieses war mit Hilfe der amerikanischen Rüstungsindustrie bald wieder zu ersetzen. Menschen dagegen nicht.

Wie für die Franzosen im September 1914 „Das Wunder an der Marne" (Zurücknahme der deutschen Front, infolge irrtümlicher Lagebeurteilung, durch das Große

Hauptquartier), so war in den ersten Junitagen des Jahres 1940, für die Engländer, das von „Oben" befohlene Anhalten des Angriffs, gegen die eingeschlossene Britische Expeditionsarmee, ein kriegsentscheidender Faktor; später von den Engländern: „Das Wunder von Dünkirchen" genannt.

Obgleich Frankreich nach der am 15. Juni 1940 erfolgten Einnahme von Paris und der Aufrollung der Maginot-Linie am 17. Juni um Waffenstillstand bitten mußte, und infolgedessen als Bundesgenosse Englands ausfiel, war Churchill entschlossen, den Krieg weiterzuführen.

Zunächst war die Lage für die Engländer kritisch, denn den vom Festland herübergeretteten Expeditionstruppen fehlten alle schweren Waffen und man brauchte eine Kampfpause, um diese wieder ersetzen zu können.

Aber die Britischen Jagdstaffeln, die man wohlweislich auf der Insel zurückbehalten hatte, fühlten sich stark genug, zusammen mit der Britischen Flotte eine etwaige Invasion verhindern zu können.

Nachdem die Chance verpasst war, den Engländern bei Dünkirchen eine vernichtende Niederlage zu bereiten, wurde nun vom „Führerhauptquartier" befohlen, Vorbereitungen für eine Landung auf der Insel England (Fall „Seelöwe") zu treffen. Man hielt die Gelegenheit dafür für günstig, solange das Britische Heer waffenmäßig so geschwächt war. Unabdingliche Voraussetzung für das Gelingen des Unternehmens war die Erringung der Luftherrschaft über dem Kanal und der Insel Großbritannien. Göring hatte sich, mit seiner Luftwaffe, dafür stark gemacht.

Die Oberbefehlshaber der Marine und des Heeres hingegen, hatten schwere Bedenken gegen die Aktion „Seelöwe". Unsere Marine würde durch die, noch intakte, Britische Flotte weitgehend gebunden sein; könnte also das Landemanöver selbst kaum, mit der Schiffsartillerie, unterstützen.

Spezial-Landeboote hatten wir nicht. Wir mußten uns also mit Fischerei- und Handelsfahrzeugen behelfen. Schwere Waffen vom Heer (Panzer undschwere Artillerie) könnten erst übergesetzt werden, wenn geeignete Häfen in deutscher Hand seien.

Hitler, durch die im Polenfeldzug und an der Westfront errungenen großen Erfolge noch überheblicher geworden, tat alle Einwände mit den oft von ihm gebrauchten Worten ab: „Für die deutsche Wehrmacht gibt es kein Unmöglich!". Also liefen die Vorbereitungen in größter Eile ab, mitder Hoffnung verbunden, das Göring es (die Erringung der Luftherrschaft) schon schaffen werde.

Die Landung sollte nicht an der schmalsten Stelle des Kanals, in der Nähe der stark geschützten großen Häfen, erfolgen, sondern an einer Stelle, wo sie der Engländer am wenigsten erwartete; nämlich an der hohen schroffen Steilküste. Etwa gegenüber der Französischen Küste, zwischen der Seine- und der Orne-Mündung.

Wegen der zu erwartenden Geländeschwierigkeiten waren Gebirgstruppen vorgesehen. Diese sollten, unter dem Feuerschutz ihrer leichten (Gebirge-) Artillerie, die Steilküste erklettern und einen „Brückenkopf" bilden, welcher auch einen Hafen einbeziehen müßte, in dem das Gros der Landungsarmee, mit Panzern und schwerer Artillerie, ausgeschifft werden könnte.

Zu den „Voraus-Kräften" gehörte u. a. unsere Division, die als erste Welle die beiden Geb. Jäger-Regimenter, das Pionier-Bataillon und die beiden Gebirgsartillerie-Abteilungen bereitstellen mußte, um sofort mit den Einsatzübungen zu beginnen.

Meiner Abteilung und dem Geb. Jäg. Regt. 143, sowie einem Teil der Pioniere, wurde als Übungsgelände ein Küstenstreifen, in der Nähe des Französischen Fischereihafens Fécamp, zugewiesen. Es war ein ganz schmaler Strand, über dem sich die eigentliche, ca. 80 - 100 m hohe Steilküste erhob; sie war, wie aus Luftbildern ersichtlich war, ziemlich genau so beschaffen, wie auf der gegenüberliegenden Seite des Kanals.

Wir sollten zunächst, die einzelnen Einheiten für sich, und später alle miteinander, die Eroberung der Steilküste üben. Das sollte, wie man es sich im Führerhauptquartier vorstellte, folgendermaßen vor sich gehen: Auf kleinen, aber immerhin hochseefesten Fischkuttern und Bugsierfahrzeugen sollten die Geschütze der Geb. Artillerie als „Bug Geschütze" montiert werden. Sie sollten beim Anlandgehen und Erklettern der Steilküste den Jägern und Pionieren Feuerschutz geben und dann zerlegt nach oben gezogen werden.

Befehlsgemäß wurde mit den Versuchen sofort begonnen und zwar in kleinen Gruppen, da größere Ansammlungen im Raum Fécamp nicht erwünscht waren. Es standen auch nur wenige geeignete Boote zur Verfügung. Die noch zusätzlich benötigten Boote sollten erst kurz vor Beginn des „Seelöwen" in dem Raum zusammengezogen werden, wo sie für den „Ernstfall" gebraucht wurden. Die Division blieb also in den 30 bis 50 km landeinwärts, liegenden Unterkünften, und nur die Teile marschierten zur Küste, welche gerade zum Üben an der Reihe waren.

Ich selbst war natürlich bei allen Versuchen dabei und tauschte mit den anderen Kommandeuren die gemachten Erfahrungen aus. In der Praxis zeigte sich erst, mit welchen Schwierigkeiten wir „Landratten" zu rechnen haben würden.

Erstens gab es im Bereich des „Kanals" selten ruhige See, besonders an der Steilküste war die Brandung immer stark. Das bestätigten uns auch die Marineleute. Ein direktes Anlanden am Fuß der Steilküste war nur an wenigen Stellen und nur bei glatter See möglich, bei schon geringem Seegang drohten die kleinen Boote in der Brandung zu zerschellen. Man versuchte außerhalb der Brandung in Schlauchboote umzusteigen. Diese wurden wie Nußschalen umhergeworfen und nur wenige Boote konnten sich zum Ufer durchkämpfen.

Die Besatzungen wurden meistens seekrank. Für die Gebirgsjäger und Pioniere, welche wieder festen Boden unter die Füße bekommen hatten, bereitete das Erklettern der Steilküste und das Herabwerfen von Strickleitern und Seilen zwar dann keine besonderen Schwierigkeiten.

Es war nur die Frage, wie viele der Angreifer überhaupt so weit gelangen konnten? Der Ausfall durch Strandung und Seekrankheit war bedeutend.

Auch Waffen gingen verloren.

Das Schlimmste war aber zweitens, daß die Buggeschütze der Geb. Artillerie überhaupt keine Unterstützung geben konnten. Die kleinen Fischkutter und Schlepper, auf denen je ein Geschütz am Bug festgezurrt war, schaukelten schon bei geringem Seegang so sehr, daß die Geschützmündungen, einmal in den Himmel starrten, um fast im gleichen Moment, die Nase in die See zustecken suchten.

Ein gezieltes Feuer, und eine einheitliche Feuerleitung, derin größeren Abständen, nebeneinander, der Küste zusteuernden Boote, war einfach unmöglich. Einmal konnten die Schüsse weit ins Hinterland gehen, und dann wieder, mit der gleichen Rohrerhöhung, unmittelbar vor uns, indie eigenen Reihen. Auch wenn man auf das Schießen von See aus verzichten,die Jäger also ohne Artillerieunterstützung, den Küstenrand erobern, lassen wollte, war es drittens ein Problem, wie man die zerlegten Geschütze (Geschützlasten), durch die Brandung, an Land, zu Fuß, an die Steilküste schaffen sollte?

Ohne Artillerieunterstützung, vom Rand der Steilküste aus, würden sich die Jäger kaum halten können, geschweige denn weiter vordringen, um einen Brückenkopf zu bilden.
Dem 1a (1. Generalstabsoffizier) unserer Division, der auf einer der ersten Übungen mit mir auf einem der Boote war, mußte ich erklären, daß ich es nicht verantworten könnte,den erforderlichen Feuerschutz, vonsolch kleinen Booten aus, zu übernehmen. Ich brauchte

das nicht besonders zu begründen, denn als „gelernter" Artillerist konnte er selbst beurteilen was möglich und was nicht möglich war. Er stimmte mir zu mit den Worten:

„Was die sich ‚di da Obent' ausgedacht haben, da kann man nur sagen: wie sich das kleine Karlchen ein Landeunternehmen vorstellt".

Da war ja auch noch eine ganz große Schwierigkeit. Wir hatten gar nicht genügend, geeigneten Schiffsraum für eine Landung an einer Steilküste.

Die Fischkutter und Bugsierboote reichten gerade aus, um die Kräfte anzulanden, die zuerst den Rand der Steilküste zu erklettern hatten. Die Masse der, für den Brückenkopf benötigten, Angreifer mußten , nämlich im „Schlepp", auf Flusskähnen, welche vom Rhein und von der Schelde herangezogen werden sollten, befördert werden. Letztere waren aber nur bei ruhiger See verwendbar!

Ein besonderes Risiko war noch, daß der für die Kanalüberquerung in Aussicht genommene Küstenabschnitt drei- bis viermal so breit war, als die Strecke Calais – Dover! Der 1a versprach mir, dem Divisionskommandeur zu berichten, der übrigens seinerseits, zusammen mit Trübswetter, an einer benachbarten Stelle die Übungen beobachtet hatte, und mit ihm zu einer ebenfalls negativen Beurteilung kam.

Als dann auch noch - fast vor ihren Augen - ein Schlauchboot in der Brandung umschlug, und dabei zwei Gebirgsjäger ertranken, befahl er die vorläufige Einstellung der Versuche.

Durch sofortigen persönlichen Bericht beim Oberkommando des Heeres, erreichte Schörner, daß sich der Oberbefehlshaber des Heeres, Brauchitsch, zu einem Besuch in Caen ansagte, um sich anlässlich einer Landung an der Steilküste, nahe der Orne-Mündung, selbst ein Bild von den großen Schwierigkeiten zu machen. Brauchitsch erreichte dann beim „Führer", daß das Landeunternehmen in dieser Form „abgeblasen" wurde.

Das hieß aber nicht, daß auf den „Seelöwen" überhaupt verzichtet wurde.

Der Luftkrieg gegen England war ja im Gang und „man" rechnete, trotz der auch dabei aufgetretenen Schwierigkeiten, noch immer mit der Erringung der Luftüberlegenheit über dem Kanal und der Insel. Der Plan mit der Steilküste wurde „adacta" gelegt.

Dafür jedoch ein Kanalübergang an einer der schmalsten Stellen erwogen. Ein Überraschungsmoment gab es hier nicht. Luftwaffe und Marine mußten einen Korridor schaffen, um mit den Transporten den Kanal, auf dem kürzesten Wege, überqueren zu können. Dabei bedurfte es dann keiner Flusskähne für den Truppentransport.Man konnte außer den Hochseebootenauch Handels-Schiffe einsetzen und die deutschen Expeditionstruppen schon frühzeitig, auch mit schwerer Artillerie und Panzern, ausstatten. Immer aber blieb als Voraussetzung die Herstellung der absoluten Luftüberlegenheit.

Bis neue Befehle für den „Seelöwen" eintrafen, blieben wir weiterhin inden Quartieren im Departement „Calvados".

Der Regimentskommandeur, mit der Regt. – Stabsbatterie, lag in dem Ort „Clécy", im Ornetal. Der Name dieses Ortes ist mir deshalb in der Erinnerung geblieben, weil sich mit ihm besondere Ereignisse verbinden.

Ich muss dazu noch einmal auf den Besuch des Oberbefehlshabers am19. August 1940 zurückkommen. Von Brauchitsch begrüßte unseren Div. Kommandeur indem er ihn mit „Herr General" anredete. Dieser guckte den „O. B." etwas betroffen an, worauf „v. B." belustigt sagte: „Ja, Ja es stimmt schon, lieber Schörner, Sie sind mit dem heutigen Tag zum Generalmajor befördert worden. Herzlichen Glückwunsch!"

Die Vorführungen, bei denen auch Teile meiner Abteilung im Einsatz waren, vermittelten dem Besichtigenden eindrucksvoll, daß es so nicht ging, und er konnte dies nun aus eigener Überzeugung im Führerhauptquartier berichten. Die Übungen wurden daraufhin endgültig abgebrochen.

Schörner behielt die Regimentskommandeure seiner Division noch in Caen zurück, denn der „General" sollte noch etwas gefeiert werden. Damals konnte man im ersten Hotel der Stadt für wenig Geld (nach unserem Umrechnungskurs) noch vorzüglich essen, und Sekt gab es noch genug. Kein Wunder, daß sich das „Feiern" ziemlich in die Länge zog.

Ich selbst hatte mich nach der Rückkehr von den Vorführungen, bei Fécamp, gleich in mein Quartier begeben und hoffte, einmal ausschlafen zu können. Gegen zwei Uhr früh wurde ich jedoch durch einen Fernspruch geweckt, der besagte, daß ich mich um 4 Uhr früh bei Oberstlt. Trübswetter in Clécy melden sollte: „ein Grund, weshalb, war nicht angegeben."

Wahrscheinlich war er gerade vom „Feiern" in Caen zurückgekommen und wollte nochGesellschaft haben. Solche Launen gab es bei ihm manchmal. Da konnte er kein Ende finden. Alles um ihn herum sollte ihm zuhören, wenn er seine „Weisheiten" von sich gab. Wir nannten es „Götzenanbetung"; etwas, was mir gar nicht lag. Aber Befehl ist Befehl, es blieb mir nichts anderes übrig, als nach Clécy zu fahren.

<u>Regimentstagesbefehl der Gebirgs-Artillerie 118 vom 27.8.1940</u>

Der Kommandeur unseres Regiments,
Oberstleutnant T r ü b s w e t t e r ,

ist am 21. August 1940, auf einer Dienst- und Urlaubsfahrt in der Heimat, tödlich verunglückt.

Das Regiment steht erschüttert an der Bahre seines ersten Kommandeurs. Das Leben eines echten Soldaten ist erloschen, das Leben, das er immer bereit war, im Kampf einzusetzen, ein Leben voll höchster Pflichterfüllung und rastloser Arbeit, ohne Rücksicht auf die eigene Person. Immer im Dienste der großen Aufgabe, als Offizier und Führer seiner Truppe, in steter Sorge um das Wohl und Können seiner Soldaten, war er hart gegen sich, wie gegen andere, gab er selbst das Letzte, wie er von Jedem im Regiment das Letzte forderte, dabei voll Güte und Verstehen für alle Lebensfragen seiner Soldaten- ein sorgender Vater mit harter Faust und gutem Herzen.

Nach wenigen Tagen der Aufstellung und Zusammenschweißung, die eine organisatorische Leistung besten Könnens war, zog das Regiment, unter seiner Führung, im Juni 1940, im Verband der 6. Gebirgs-Division, durch die Vogesen. Kurz war die Zeit des Kampfes - bedeutend die Leistung des Regimentskommandeurs bei Führung und Einsatz des Regiments. Mit stolz gedenkt das Regiment jener Tage, welche jedem von uns die Größe seines wahren Soldatentums gezeigt haben.

Das Regiment nimmt Abschied von seinem ersten Kommandeur. Es wird an alle Aufgaben, die ihm noch gestellt werden, in seinem Geiste herangehen und sie lösen.

                                        I. V. Kühnert Hauptmann

> ...rgs-Artillerie-Regiment 118　　　　O.U., den 27.8. 1940.
>
> ### Regimentstagesbefehl.
>
> Der Kommandeur unseres Regiments,
>
> > Oberstleutnant T r ü b s w e t t e r ,
>
> ist am 21. August 1940 auf einer Dienst- und Urlaubsfahrt in der Heimat tödlich verunglückt.
>
> Das Regiment steht erschüttert an der Bahre seines ersten Kommandeurs. Das Leben eines echten Soldaten ist erloschen, das Leben, das er immer bereit war, im Kampf einzusetzen, ein Leben voll höchster Pflichterfüllung und rastloser Arbeit ohne Rücksicht auf die eigene Person. Immer im Dienste der großen Aufgabe als Offizier und Führer seiner Truppe, in steter Sorge um das Wohl und Können seiner Soldaten, war er hart gegen sich, wie gegen andere, gab er selbst das Letzte, wie er von jedem im Regiment das Letzte forderte, dabei voll Güte und Verstehen für alle Lebensfragen seiner Soldaten - ein sorgender Vater mit harter Faust und gutem Herzen.
>
> Nach wenigen Tagen der Aufstellung und Zusammenschweissung, die eine organisatorische Leistung besten Könnens war, zog das Regiment unter seiner Führung im Juni 1940 im Verband der 6. Gebirgs-Division durch die Vogesen. Kurz war die Zeit des Kampfes - bedeutend die Leistung des Regimentskommandeurs bei Führung und Einsatz des Regiments. Mit Stolz gedenkt das Regiment jener Tage, die jedem von uns die Größe seines wahren Soldatentums gezeigt haben.
>
> Das Regiment nimmt Abschied von seinem ersten Kommandeur. Es wird an alle Aufgaben, die ihm noch gestellt werden, in seinem Geiste herangehen und sie lösen.
>
> > > I.V.
> > > *[Unterschrift]*
> > > Hauptmann

Diesmal war der Grund, weshalb ich gerufen wurde, ein anderer: Trübswetter eröffnete mir, daß er für kurze Zeit auf Urlaub fahre, und daß ich gemäß Div. Befehl so lange die Führung des Regiments übernehmen solle. Die

Führung meiner Abteilung sollte ich, da T. ja nur kurze Zeit abwesend sei, beibehalten. Für meine Person müßte ich aber nach Clécy übersiedeln.

Der Anlass für den Kurzurlaub war, wie ich nun erfuhr, die telegrafische Nachricht, daß Trübswetter zum zweiten Mal Vater geworden war. Der ersehnte Stammhalter war angekommen. Obwohl Schörner wegen des „Seelöwen" allgemeine Urlaubssperre (für die Kommandeure sowieso) verhängt hatte, bewilligte er, ausnahmsweise, diesen Sonderurlaub und genehmigte auch, daß T. nach Graz den Dienstwagen benützen konnte. Mit der Bahn hätte es zu lange gedauert. Denn es verkehrten noch keine Schnellzüge.

Das Übergabegespräch dauerte knapp 20 Minuten. Der Regiments-Adjutant konnte mich ja weiter, über alle laufenden Angelegenheiten, unterrichten. Trübswetter sagte mir noch, daß es der ausdrückliche Wunsch von General Schörner sei, daß ich T. vertrete und nicht ein seit kurzem als „Führerreserve" beim Regt. Stab befindlicher Major, welcher sich erst einarbeiten müsse.

Nun, mit Major Kaspary - vom ehemaligenÖsterreichischen Bundesheer - kam ich gut zurecht. Er war „ein sehr charmanter Kamerad", und betrachtete sich nur als „Zuseher". Das „Raubein" Trübswetter lag ihm natürlich nicht. Dazu waren die Charaktere zu verschieden.

Am 20. 8. ungefähr um 4.30 Uhr - er konnte höchstens zwei Stunden geschlafen haben - brauste Trübswetter mit seinem Fahrer los. Dieser hatte wenigstens im Wagen, als er in Caen auf den Kommandeur wartete, etwas schlafen können. Beim Abschied wünschten Oblt.

Schöll und ich den Beiden „eine gute Fahrt", und rieten dringend, halbwegs eine Übernachtpause einzulegen.

Am 27. August, als wir den Kommandeur eigentlich schon auf der Rückfahrt wähnten, erreichte uns über die Division die Hiobs-Botschaft, daß Oberstlt. Trübswetter tödlich verunglückt und sein Fahrer schwer verletzt sei. Wie später bekannt wurde, geschah das Unglück schon am 21. August nachmittags. Etwa 50 km vor Graz, dem Ziel der Fahrt.

Nach der „Eingliederung Österreichs ins Reich 1938" war Graz die Garnison Trübswetters gewesen und dort lebte seine Familie. In 36 Stunden, sich mit seinem Fahrer ablösend, legten sie, ohne Übernachtung und nur durch kurze Verpflegungshalte unterbrochen, die Strecke Clécy (Normandie) Graz (Steiermark) zurück.

Trübswetter konnte es nicht erwarten, seine Frau und den Stammhalter zu sehen, und ließ sich auch durch Freunde in München, bei denen eine Übernachtung möglich gewesen wäre, nicht aufhalten.

Kurz vor Graz, als er am Steuer saß und sein Fahrer neben ihm schlief, muß er, übermüdet, die Herrschaft über den Wagen verloren haben und von der Straße abgekommen sein. Er raste mit voller Geschwindigkeit an einen Alleenbaum und war sofort tot. Sein Fahrer wurde herausgeschleudert und so schwer verletzt, daß er querschnittsgelähmt wurde.

So wurde das ungestüme Temperament unseres Kommandeurs Beiden zum Verhängnis.

Von dem Regiments-Tagesbefehl, welchen ich nach Erhalt der Unglücksbotschaft erlassen habe, schickte ich (siehe oben abgebildetes Foto) einen Abdruck nach Hause. Ich fand ihn bei den von meiner Frau aufbewahrten Kriegsbriefen, und kann deshalb eine Kopie davon hier beifügen.

Mit Div. Befehl wurde ich beauftragt, das Regiment, bis zum Eintreffen des, vom Heerespersonalamt in Marsch gesetzten, neuen Kommandeurs, weiterhin zu führen. Es sollten noch 14 Tage vergehen, bis ich das Regiment an Oberst Schricker, den neuen Kommandeur, übergeben konnte. Inzwischen ging der Dienstbetrieb weiter, ich hatte mich nun nicht nur um meine 1. Abteilung zu kümmern, sondern um das ganze Regiment - 2 Geb. Artillerie Abteilungen, 11 Feldhaubitz-Abteilungen, pferdebespannt, eine motorisierte Schwere Abteilung und eine Nebelwerfer-Abteilung.–Schörner sorgte dafür, daß es uns nicht langweilig wurde. Er tauchte da und dort, unangekündigt, auf und nahm speziell die Offiziere aufs Korn. Man war das jetzt schon gewohnt und es gab kaum Anstände.

Am 29.8.40 ereignete sich in der Nacht ein Flugzeugabsturz. „Ein Jagdbomber, aus einer, auf einen der Englischen Kanalhäfen, angesetzten Staffel, war auf dem Rückflug von Englischen Jägern angeschossen worden". Seine Motoren fielen, kurz vor Erreichung des etwa 20 km entfernten Abflughafens, aus, so daß der Pilot eine Notlandung versuchen mußte. Die Maschine stürzte beim Ortsausgang von Clécy in eine Pappelallee; nur etwa 100 m von meinem Quartier entfernt, und ging sofort in Flammen auf. Durch den gewaltigen Krach wurde ich natürlich sofort geweckt und alarmierte die Regt. Stabsbatterie.

Die ganze Umgebung war durch das brennende Magnesium taghell erleuchtet. Benzintanks und Bordkanonen-Munition explodierten und man konnte sich dem brennenden Wrack, wegen der ungeheuren Hitze, nicht nähern. Die Besatzung, die sicher schon beim Aufprall getötet oder schwer verletzt worden war, verbrannte elendiglich vor unseren Augen. Es war keine Hilfe möglich. Was von den Toten noch übrig war, wurde am übernächsten Tag im Friedhof von Clécy, unter Teilnahme einer Ehrenkompagnie der Fliegerstaffel und unserer Regt. Stabsbatterie, feierlich bestattet.

Einzig allein der junge Leutnant, der die Maschine gesteuert hatte, konnte dadurch identifiziert werden, da seine Brieftasche, wie durch ein Wunder, erhalten blieb. Sie enthielt das Bild seiner jungen Frau und seines Kindes. Ich übergab sie dem Kommodore des Geschwaders, welcher diese der leidgeprüften Witwe durch einen Kameraden aushändigen ließ. Fliegerlos! Soldatenlos!

Für den 1. auf 2. September hatte die Division noch eine Nachtübung angesetzt. Sie wurde vorzeitig abgebrochen, denn um Mitternacht kam überraschend der Befehl, daß die Division in den, ca. 150 km landeinwärts liegenden Raum, westlich Amiens, zu verlegen sei. Es gab wieder stramme Marschtage, aber wir kamen wieder in landschaftlich schöne Gegenden und fanden gute, vom Krieg wenig zerstörte, Unterkünfte.

In und um das Städtchen Conty wurde der Regimentsstab und die Stabsbatterie, sowie meine 1. Abteilung, untergebracht und am 10. September konnte ich mich, bei dem nun eingetroffenen Regimentskommandeur, melden und ihm das Regiment übergeben.

Oberst Schricker war ein sympathischer Vorgesetzter, mit dem ich mich von Anfang an sehr gut verstanden habe und mit dem mich schon bald ein gegenseitiges Vertrauensverhältnis verband. Er war genau das Gegenteil seines Vorgängers Trübswetter, dessen ungestümes Temperament nicht selten zu vorschnellen Stellungnahmen führten. Schricker strahlte stets Ruhe und Gelassenheit aus. Höheren Vorgesetzten gegenübervertrat er seine Meinung mit Festigkeit und wichtige Entscheidungentraf er stets, nicht ohne vorher die Vorschläge seiner Abteilungskommandeure zu Rate gezogen zu haben.

Nach den anstrengenden Übungen an der Küste und den anschließende Marschtagen trat nun eine Ruhepause ein. Der Dienst wurde etwas lockerer gehandhabt. Es wurde mehr Sport getrieben und es durften nun auch eintägige Besichtigungsfahrten mit Omnibussen durchgeführt werden, mit dem Ziel Paris.

Mit meinen Offizieren konnte ich auch eine Fahrt zu den Schlachtfeldern vom Frühjahr 1918 machen und, bei dieser Gelegenheit, das Grab meines Bruders Heinrich bei Arras besuchen, welches ich auf dem deutschen Kriegerfriedhof „Maison Blanchet", wohlerhalten, fand und mit Blumen schmücken konnte.

Auf Grund der neuen Befehle für den „Seelöwen" wurde unsere Division in zwei Teile gegliedert. Eine „1. Staffel" mit den leichteren, schneller zu transportierenden Kräften, und eine „2. Staffel", die auf größeren Frachtern übergesetzt werden sollte.

Teile des Regiments, mit dem Regimentsstab und den Gebirgsbatterien, wurden nun näher an die Küste zwischen - Boulogne und Dieppe - verlegt. Sie gehörten zur 1. Staffel. Oberst Schricker rückte in die Nähe des Divisionsstabes, um dem Divisions Kommandeur zur Verfügung zu stehen; sobaldeben die Gewinnung eines Brückenkopfs mit Hafenanlage das Anlandgehen der schweren Waffen samt Munition und sonstigem Nachschub erlaubte.

Die Führung der „2. Staffel" der Division, - solange sie noch in Frankreich lag und bis zur Einschiffung, - wurde mir übertragen.

Nach erfolgter Ausladung, auf Englischem Boden, sollten die einzelnen Einheiten wieder in ihre Regimenter eingegliedert werden. Ich würde dann im GAR. 118 wieder meine komplette Abteilung übernehmen.

Die Vorbereitungen, für den künftigen Einsatz, zogen sich bis Mitte Oktober 1940 hin. Die dafür, von der Division, erlassenen Anweisungen - natürlich unter „GKdoS" (= Geheime Kommandosache!) - waren nur den, mitselbständigen Führungsaufgaben betrauten, Kommandeurenzugänglich.

Ich mußte mehrfach an Besprechungen im Divisions Stabs-Quartier teilnehmen, fuhr jedoch immer gleich wieder nach Conty zurück, denn in unserem Unterraum mußte der Dienst „normal" weitergehen, wie es bei einer „Ergänzungstruppe" üblich ist. Auch die Omnibusfahrten „Jeder einmal in Paris", wurden weitergeführt und die sportliche Betätigung wurde am 29.Sept. durch ein Sportfest,zu welchem alle, zur2. Staffel gehörenden Einheiten, Sportskanonen entsandten, sich aber auch an volkstümlichen Wettkämpfen beteiligten.

Am meisten Spaß gab es beim Muli-Rennen (auf nackten Tieren) der Gebirgsartilleristen und Tragtierstaffeln der Geb. Jäger.

Die als Zuschauer anwesenden Kommandeure der verschiedenen Einheiten wurden anschließend zu einem Imbiss eingeladen, zu dem einige Jäger unter uns das nötige Fleisch beschafften. Die Jagdgewehre ließen wir uns vom „Maire" (= „Bürgermeister" in Französischer Sprache) von Conty geben, der alle Jagdwaffen der Einwohner unter Verschluß zu halten hatte. Auch ich betätigte mich als Jäger und hatte sogar Erfolg, indem ich zum ersten Mal in meinem Leben zwei Fasanen im Flug herunterholte. Wir bekamen für unsere mehr als 30 Gäste nicht genug Fasanen zusammen und mogelten einfach noch einige Krähen darunter.

Erfahrene Jäger versicherten, daß Krähen genauso schmackhaft zubereitet werden könnten und unter Anleitung meines Stabswachtmeisters Schnizer (Hotelbesitzer und erfahrener Koch aus Kehl am Rhein, mit der Französischen Küche bestens vertraut) wurde ein prima Essen hergestellt. Niemand merkte etwas von den zur Streckung des Bedarfs erlegten Krähen. Alles ansonsten Benötigte (Beilagen wie Salate usw. sowie Getränke) konnte man für wenig Geld kaufen.

Noch eine Episode aus der Zeit in Conty fällt mir ein. Es war in den ersten Tagen nach unserem Eintreffen im Raum westlich von Amiens. Am 7. September, laut Eintrag in meinem Soldbuch, wurden gegen Typhus geimpft. Um das gleich hinter mich zu bekommen, erschien ich als Erster im „Revier", wo mich der Abteilungsarzt Dr. Ramsmayer (er stammte aus Bischofshofen im Salzburger Land, wo er prakt. Arzt war) mit seinen Sanitätern erwartete.

Spaßend sagte er, bei mir nehme er eine besonders dicke Nadel, damit ich auch was spüre und spritzte mir einen Kubik-Zentimeter Impfstoff in die linke Brust ein. Ich bin in diesem Krieg insgesamt 22 mal gegen alles Mögliche (Pocken, Typhus, Ruhr, Cholera, Flecktyphus) geimpft worden und habe nie - außer bei dieser dritten Impfung des Jahres 1940 - besondere Schmerzen empfunden.

Hier aber mußte ich auf die Zähne beißen und, weil mir auch schlecht wurde, überlegte ich mir, ob ich mich in meinem Quartier legen sollte. Da kam - kreidebleich - der Dr. Ramsmayer hereingestürzt und rief: „Herr Hauptmann, es ist etwas Schreckliches passiert, Sie sind versehentlich mit Brennspiritus geimpft worden.

Einer der Sanitäter hat - was streng verboten ist - Brennspiritus in einer leeren Impfstoff-Flasche aufbewahrt! und davon habe ich Ihnen eine Spritze gegeben!" Da der Spiritus mit einem Giftstoff denaturiert ist, können böse Folgen (Ödeme) entstehen.

Es gibt nur ein Mittel, das vielleicht helfen kann: Sie müssen sich mit Cognac oder sonstigem hochprozentigem Schnaps besaufen! Legen Sie sich dann ins Bett und schlafen Sie Ihren Rausch aus. Ich werde immer wieder nach Ihnen sehen.

Ich befolgte den etwas derben, aber offenbar richtigen, Rat unseres Doktors, und war am Abend wieder munter. Auch die Schmerzen hatten nachgelassen.

Leider hatte die Sache für Dr. R. ein Nachspiel. Er hatte den Vorfall pflichtgemäß seinem Vorgesetzten, dem Divisionsarzt gemeldet und dieser bestrafte den betreffenden Sanitäter mit Arrest; der Abteilungsarzt als verantwortlicher Vorgesetzter erhielt einen Verweis.

Als ich mich am 10.9. beim neuen Regimentskommandeur meldete, wußte er schon von dem Vorfall. Er hatte sich tags zuvor bei Schörner gemeldet und wurde beim Mittagessen den Mitgliedern des Div. Stabs vorgestellt. Dabei erzählte ihm der Div. Arzt von der Brennspiritus-Impfung, die böse Folgen hätte haben können.

Glücklicherweise hatte meine gute Konstitution die Sache durch die „drastische Gegenmaßnahme" des Abt. Arztes voraussichtlich ohne Schädigung überwunden. Und so war es dann auch. Irgendwelche Nachwirkungen - außer ein paar Tage Schmerzen in der Brust - blieben aus.

Die nächste Typhus-Impfung fand erst Ende Februar 1941 statt. Man wagte nicht, die Fehlimpfung gleich nachzuholen; darum bin ich wenigstens drum herumgekommen.

Die Organisation und die vorbereitenden Befehle für den abgeänderten „Seelöwen" waren inzwischen durch die Generalstäbler bis ins Einzelne ausgearbeitet worden, und es bedurfte gewissermaßen „nur" eines „Knopfdrucks", um unter Angabe der „X-Zeit" das Unternehmen anlaufen zulassen.

Da kamen überraschend neue Befehle für Verlegungen. Die „1. Staffel" unserer Division wurde, aus dem Raum um Abbéville, indas Gebiet südlich Rouen verlegt; bis in den Raum um Bernay. Die „2.Staffel" wurde mit der 1. Staffel wieder vereinigt. Meiner Abteilung wurden Unterkünfte, etwa 10 km ostwärts Bernay, zugewiesen. Niemand wußte, was man mit uns vor hatte. Wir „spielten" weiterhin „Besatzungstruppe".

Schörner verstärkte aber den Übungsbetrieb. U. a. fand ein Manöver im Divisionsverband statt, welches drei Tage dauerte. Da wir zum Gelände bei Elbeuf/Caudebec, südlich vonRouen, mehr als 40 km Anmarsch hatten, und während der „Schlacht" mehrfach Stellungswechsel machten, durften wir wieder mal, gute 100 km, marschieren. Schon wenige Tage später hatten wir dann nochmal ein Scharfschießen und beteiligten uns an einer Übung bei den, südlich Lisieux liegenden, Panzer.

<u>Division Rommel (Vater von dem langjährigen Ober-Bürgermeister Rommel aus Stuttgart)</u>

Der ehemalige Oberleutnant Rommel, vom württembergischen Gebirgsregiment, undder Oberleutnant

Schörner, vom bayrischen Infanterieleibregiment, waren alte „Rivalen". Beim Durchbruch in den Julischen Alpen und am Isonzo 1918. Beide waren mit ihren Kompagnien zum Sturm auf den (Eckpfeiler) „Mt. Matajur" angesetzt. Rommel nahm die Stellung von der einen Seite und war mit seinen Leuten zuerst oben. ErEr stieß sofort dem fliehenden Feind nach.

Währenddessen Schörner, auf der anderen Seite des Berges angreifend, nur noch auf schwachen Widerstand leistenden Feind traf;welcher sich ergab, als diegrößerenTeile der Besatzung bereits, durch die württembergischenGebirgsschützen, aus der Matajur Stellung geworfen waren und sich eilig zurückzogen.

Solange Rommel dem Feind auf den Fersen blieb, nahm Schörner zunächst Verbindung mit dem Leibregiment auf und meldete die Eroberung des Matajur. Da Schörnerder „Schnellere" beim „Melden" war, wurde er mit dem Orden „Pourle Mérite" ausgezeichnet. Natürlich hatte er seinen Anteil an der Wegnahme des „Eckpfeilers"; doch Rommel war der „Erste" oben, hielt es aber für richtiger, am Feind zu bleiben und das lohnte sich: „In Eilmärschen auf nur für Gebirgstruppen begehbaren Wegen entlang dem Südrand der Venetian Alpen erreichte er trotz gesprengter Brücken die Straße Pieve di Cadore Vittorio, dicht südlich Longarone, und schnitt den, aus den Sextener Dolomiten und von Cortina d'Arnpezzo, zurückströmenden Italienern die einzige Rückzugsstraße ab.

Obwohl Rommel nur Teile seiner Kompagnie mit zwei Maschinengewehren, beiderseits der Straße, postieren konnte, ging er mit wenigen Begleitern als Parlamentär nach Longarone hinein und forderte den dort kommandierenden Italienischen General zur Übergabe auf. Denn angesichts der Gesamtlage sei jeder Widerstand hoffnungslos und würde „nur unnötig Blut kosten".

Durch seinen persönlichen, kühnen Schachzug erreichte Rommel, daß der Italienische Divisionskommandeur, mit mehr als 10.000 seiner Soldaten, die Waffen niederlegte und sich in Gefangenschaft begab. Jetzt hatte auch Rommel seinen „Pour le Mérite", den er ja eigentlich schon auf dem „Matajur" verdient hatte.

Als sich nun 1940 die beiden, inzwischen zu Divisionskommandeuren avancierten, Matajur-Eroberer begegneten, und Panzer- und Gebirgstruppen in Frankreich gemeinsam übten, war die einstige Rivalität vergessen.

Im Grunde genommen, hatten sich ja damals ihre Regimentskommandeure(Oberst Sprösser vom Württ. Gebirgs-Regt. und Oberst Epp von den „Leibern") um die Ehre des Sieges grauft und ihrem jeweiligen Kompaniechef die hohe Auszeichnung zukommen lassen wollen.

Die Zunahme der Gefechtsübungen, im größeren Verband, ließen darauf schließen, daß nach der erneuten Umgliederung nun der Einsatz „Seelöwe" nahe bevorstehe. Schließlich konnten die in der Normandie und in der Picardie liegenden, sogenannten „Besatzungstruppen" jederzeit wieder an der nahen Kanalküste bereitgestellt werden. Aber es rührte sich in dieser Hinsicht nichts.

Die Kommandeure unserer Verbände wurden durch eine neue „GKdoS" davon unterrichtet, daß der Plan „Seelöwe" endgültig fallengelassen worden sei. Es sickerte allmählich durch, was der Grund für diese Entscheidung des „Führerhauptquartiers" war.

Die Luftwaffe hatte bei den Bombenangriffen über England, durch die Britischen Jagdflieger, so empfindliche Verluste erlitten, daß es ihr nicht gelang die „Luftherrschaft" herzustellen. Die Engländer hatten - und darin waren sie uns überlegen - ihre Jagdflieger, die Bodenabwehr, und ihre Kriegsflotte, in fieberhafter Eile, mit „Radar" ausgerüstet und konnten so die Angreifer sehr rasch und zielgenau ausmachen.

In Deutschland steckte man damit noch im Versuch und konnte noch nichts Gleichwertiges zum Einsatz bringen. Auch die im Polen- und im Frankreichfeldzug so erfolgreichen „Sturzkampfflieger" (Stucka's) verloren bald ihre Schrecken, denn mit „Radar" konnten sie schon im Anflug von den Britischen Jagdstaffeln erfasst werden.

Also der „Plan Seelöwe" war nun in der Versenkung verschwunden und man rätselte jetzt daran herum, was uns jetzt erwartete. Optimisten rechneten sogar mit der Aufhebung der Urlaubssperre oder wenigstens mit Wiedereinführung von Besichtigungsfahrten (Paris, Schlachtfelder usw.)."

Unser Regimentskommandeur Oberst Schricker trug sich mit dem Gedanken, am 4. Dezember eine „Barbarafeier" abzuhalten, zu der alle Kommandeure der Division, einschlich des Divisions-Kommandeurs und seines

Stabs, eingeladen werden sollten. In Friedenszeiten war das ein Fest, welches die Artillerie zu Ehren ihrer Schutzpatronin, der „Heiligen Barbara", alljährlich am 4. Dezember, veranstaltete. Die mit der Programmgestaltung beauftragten jungen Offiziere genießen dabei eine gewisse „Narrenfreiheit". Sie dürfen (in Grenzen natürlich) ihre Vorgesetzten „durch den Kakao" ziehen, wobei auch vor Generalen kein Halt gemacht wird.

Ich war nicht sehr erbaut davon, daß Oberst Schricker mich beauftragte, der Programm-Kommission vorzustehen, um mit dem Zensurstift zu verhindern, daß zu freches „Aufdieschippenehmen" von manchen Vorgesetzten krumm genommen werden könnte. Ich suchte mich vor der heiklen Aufgabe zu drücken.

Doch er ließ meine Einwände nicht gelten: „bei mir habe er die Gewähr, daß es mit den Späßen nicht zu weit gehen werde. Außerdem sei ich bei den „Oberen" so gut angeschrieben, dass Niemand etwas übelnehmen werde.

Da die Zeit drängte, mußte ich mir schnell einige geeignete Leutnants zusammenholen und wir „tagten" eine ganze Nachtlang, bis ein witziges, so manche kleine Schwächen unserer Kameraden, aufdeckendes, Programm zustande kam.

Die Aufgaben wurden verteilt, denn es gab allerlei vorzubereiten und zu organisieren. Auch eine Barbarazeitung wurde verfasst und vervielfältigt; ich hatte ein Exemplar davon, anlässlich eines späteren Urlaubs, nach Hause mitgenommen. Leider ist es, wie so manches andere, durch Fliegerschaden, verloren gegangen.

Als gegen Ende November das Programm für die Barbarafeier stand und gerade die Einladungen an unsere Gäste hinausgehen sollten, platzte in unsere Letzte „Kommissions-Sitzung" der Divisions-Befehl zur sofortigen Herstellung der Marschbereitschaft und zur Meldung der Transportstärken.

Aus der Barbarafeier wurde nichts, denn in den letzten Tagen des Novembers begannen bereits die Verladungen zum Bahntransport mit unbekanntem Ziel. Meine Abteilung wurde am 1. Dezember in Bernay verladen.

Wir waren sechsTage lang durch Frankreich, Deutschland und Österreichunterwegs - zweimal wurde ein längerer Halt gemacht, um die Pferde und Muli zu bewegen - dann wurden wir nachts, in Neunkirchen bei Gloggnitz am Semmering, ausgeladen.

Ich war überrascht, daß unsere Transporte in der Steiermark endeten, denn ich hatte eigentlich auf Rumänien „getippt". Bei der Verladung in Bernay war nämlich allen Kommandeuren, also auch mir, als „GKdoS" eine Generalstabs-Studie übergeben worden, durch welche wir alles, militärisch Wissenswerte, über das, neuerdings, mit Deutschland, verbündete Land entnehmen konnten. Was wir dort sollten, wußte damals allerdings noch niemand. Wir blieben nur eine Nacht, nach der Ausladung, unten im Tal.

Mir wurde, mit meinem engeren Stab, Quartier in einem Schlösschenbei Gloggnitz zugewiesen. Der Hausherr Baron „X", Name unbekannt, war abwesend. Aber ein sehr freundlicher „Kastellan" zeigte uns alle Räume: „Mir habe er das schönste Gastzimmer zugedacht, in welchem die Freundin des Barons, wenn sie auf Besuch war, wohnte." Es war die österreichische Filmschauspielerin Hilde Krahl, („DerPostmeister" und andere bekannte Filme).

Ich hatte also die Ehre, das Bad und das Bett dieses Filmstars für eine Nacht benutzen zu dürfen. Ich habe trotzdem traumlos geschlafen!

Die 6. Geb. Div. bezog am nächsten Tag das endgültige Quartier im Hochgebirge, beiderseits des Semmering-Passes. Meine Abteilung fand gute Unterkunft, in Rach am Hochgebirge, und näherer Umgebung. Es gab ausreichend Ställe für die Tragtiere und Pferde. (Verpflegungs- usw. -fahrzeuge und die Lastwagen blieben unten im Tal) Für die Mannschaften machten die Einheimischen bereitwillig, genügend Platz.

Es war ein beliebter Ferienort für die Wiener. Viele hatten hier Sommerhäuschen, die jetzt meist leer standen. Überall half man uns, damit wir uns wohlfühlen konnten. Allem Anschein nach hatten wir mit längerem Aufenthalt zu rechnen. Es war noch einmal eine Zwischenstation vor dem Ernstfall. Was wir damals noch nicht wußten:

<u>Hier im Gebirge wurde der Griechenlandfeldzug geprobt!</u>

Es hieß also, wie für alle nach dem Polen- und dem Frankreich-Feldzug im „Wartestand" befindlichen Verbände, personelle und materielle Ergänzungen und Verbesserungen vorzunehmen und die Ausbildung auf Höchststand zu bringen; also für künftige Aufgaben „fit" zu bleiben.

Für uns als Gebirgstruppe lag es nahe, diese Ausbildung im Gebirge zu betreiben. Denn nach dem kurzen Einsatz in den Vogesen waren wir seitdem nur mehr im Flachland (Normandie, Kanalküste) gewesen und hatten dort keine Gelegenheit, uns mit den Besonderheiten des Kampfs, im gebirgigen Gelände, mit seiner vielfach anders zu handhabenden Taktik und Schießtechnik, zu befassen. Sehr wichtig war dabei das Training der Tragtiere, denn jetzt mußten die Muli's die zerlegten Geschütze tragen, zusammengesetzt (in Fahrstellung) konnten sie nur noch selten transportiert werden.

Geübt hatten wir das auch in Frankreich, aber dort fehlte das Wesentliche: die Bewegung in steilem, weglosen Gelände.

## Vorbereitung für den Kampf im Gebirge

In den Kommandeurs-Besprechungen und Kritiken, nach Übungen, ließ der Divisionskommandeur nie etwas über die künftige Verwendung verlauten. Vielleicht wußte er dies selbst noch nicht und war, wiewir, auf Vermutungen angewiesen. Denn bis kurz vor dem Einsatz, waren ja alle Befehle von „Oben" Geheime Kommandosache (GKdoS).

Aus den Wehrmachtsberichten, und den Ereignissen an den Fronten, konnte man aber selbst einige Schlüsse ziehen. Es wurde ja noch an einigen Fronten gekämpft, bei denen der Einsatz von Gebirgstruppen in Frage kommen konnte. Nach der Besetzung von Norwegen und der Eroberung von Narvik, und der Vertreibung der dort, und auf den Lofoten, gelandeten, Englischen und Französischen Kräfte, befand sich das Korps Dietl nun aufdem Vormarsch, über wegloses Gebirge, in Richtung des nördlichsten Hafens Kirkenes. Denn für die Kriegsführung war der Zugang zu den großen und hochwertigen Erz-Vorkommen (Eisen- und Nickelerze) von größter Wichtigkeit.

Die Besetzung Norwegens war ein langwieriges Unternehmen.Sie konnte nur auf dem Landweg, über unerschlossenes Gebiet hinweg, erfolgen und mußte an der finnischen Grenze enden. Finnland war nach dem verlorenen „Winterkrieg" (1939) dem russischen Angreifer gegenüber zur Neutralität verpflichtet. Die Sowjets durften von uns nicht gereizt werden, denn seit Ende September 1939 gab es ein „Grenz- und Freundschaftsabkommen" zwischen dem Deutschen Reich und der UdSSR. Man wollte sich den Rücken freihalten, solange im Westen und Süden noch nicht alles geordnet war.

Mit Italien bestand ein Freundschaftspakt. Mussolini verhielt sich aber, während des Polen- und Frankreichfeldzugs, passiv und entschloß sich, erst im Juni 1940 zur Kriegserklärung an Frankreich, als schon alles, zu unseren Gunsten, gelaufen war.

Da Mussolini an der Italienisch-Französischen Riviera nichts mehr „erben" konnte, suchte er seine Macht am

Mittelmeer auszubauen, indem er seine Truppen, von Albanien aus, Griechenland angreifen ließ. Denen in Nordafrika, im Abessinien Krieg, von den Italienern gemachten Eroberungen versuchte Mussolini, durch einen Angriff auf das unter Britischer Militärhoheit stehende Ägypten, neue Eroberungen hinzuzufügen. Er hielt die Gelegenheit jetzt für günstig, da England durch die Niederlage an der Französisch-Belgischen Front geschwächt war.

Anfängliche Erfolge in Nordafrika wurden durch energische Gegenangriffe der Engländer gestoppt. Ja die Lage der Italienischen Truppen wurde bald so prekär, daß Mussolini sich gezwungen sah, um Entlastung durch deutsche Verbände nachzusuchen. Die Aufstellung eines deutschen Afrika-Korps unter Rommel war die Folge davon. Auch in Albanien holten sich die Italiener blutige Köpfe. Die Griechischen Truppen kämpften sehr tapfer und verwehrten den Italienern das Eindringen in ihr Land.

Die Schwäche der Italiener ermunterte die Engländer, über Kreta in Griechenland Fuß zu fassen, angeblich, um den Griechen gegen die Italiener zu helfen. In Wirklichkeit war es ihnen um die Beherrschung des Mittelmeers zu tun. Der Besitz der Balkanhalbinsel war dafür die Voraussetzung.

In unseren Mutmaßungen, über den künftigen Einsatz, spielte daher der Balkaneine große Rolle. Ungarn und Rumänien standen auf unserer Seite. Bulgarien war neutral und verhielt sich Deutschland gegenüber sehr loyal.

Dagegen war die Haltung Jugoslawiens ungewiss, und Griechenland, jetzt von England unterstützt, stand auf der Feindseite.

In meinen persönlichen Erwägungen war der Balkan die Nr. 1 unserer möglichen Verwendung. Im hohen Norden und im Osten waren die Reibungspunkte, durch den „Freundschaftspakt" mit der UdSSR, beseitigt. Wenn ich auch nicht recht traute, wie lange dieser Pakt wohl halten würde?

Unsere Division mußte jetzt jedenfalls die Spezialausbildung für den Kampf im Gebirge betreiben. Kaum hatten wir uns in unseren Quartieren einigermaßen eingerichtet, ging es wieder mit Übungen, zunächst, batterieweise, los.

Erfreulich war, daß die in Frankreich noch angelaufene Urlaubswelle Fortsetzung fand. Jeder sollte und konnte vor dem Einsatz noch einen kurzen Urlaub bekommen. Diesmal kamen auch die Kommandeure an die Reihe. So konnte ich Weihnachten 1940, bei meinen Lieben, daheim verbringen. Es waren schöne Tage, nur allzu kurz bemessen. Anfang Januar begann die forcierte Ausbildung, im größeren Verband, also mit den Geb. Jägern zusammen.

Wir hatten meist weiten Anmarsch ins Übungsgelände, denn wir mußten, aus unseren hochgelegenen Unterkünften, zunächst ins Tal hinunter und dann von der anderen Talseite wieder aufsteigen, bevor die eigentliche Übung begann. Man hielt uns daganz schön in Trapp und dadurch auch im Training. Mehrere Scharfschießen im Batterie- und zuletzt im Abteilungsverband wurden durchgeführt. Bei unserem zweiten Schießen, und dann noch mehrmals, nahm ein „Zivilist" als Zuschauer teil, welcher sich die Genehmigung dazu, bei der Division, erwirkt hatte: Es handelte sich um meinen Kriegskameraden, aus dem ersten Weltkrieg, den letzten Kommandeur der württ. Geb. Art. Abt. 4, den damaligen Hauptmann Seeger.

Er hatte sich bei Kriegsausbruch wieder zur Wehrmacht gemeldet und war als sogenannter „E"-Offizier, in Wien, zunächst in einer Verwaltungsdienststelle eingesetzt. Nun wollte er wieder zur Gebirgsartillerie. Er war noch genau so menschenscheu, wie einst. Er verschwand, oder wollte nach beendetem Schießen verschwinden, so daß ich jedesmal Mühe hatte, ihn zum Essen dazubehalten. Für ihn war die Sache allerdings anstrengend, denn er mußte jedesmal zu Fuß vom Tal aus zu unserem Schießgelände aufsteigen.

Zweimal auch vergeblich, weil wegen Nebel und Schneesturm das Schießen nicht durchgeführt werden konnte. Aber er war dankbar, daß ich ihn in die „Geheimnisse"des, seit dem 1. Weltkrieg, dank modernerer Geschütze, verbesserten Schießverfahrens einweihte.

Seeger ist, nachdem er noch verschiedene Lehrgänge mitgemacht hatte, später im Ersatzheer verwendet worden. Er war eine Zeitlang auch Vorgesetzter von Maximilian (meinem Sohn), als dieser Fahnenjunker bei der, nun in Frankreich stationierten, Geb. Art. Ersatz-Abt. war.

(Anscheinend ist der jetzt 88 jährige Oberst a. D. noch einigermaßen gesund. Er lässt sich aber nie bei Kameradentreffen der „alten Geba" sehen.)

Anfang Februar 1941 fanden Übungen im Divisionsverband statt. Die letzte dauerte drei Tage; mit zweimaligem Schneebiwak. Inzwischen war viel Schnee gefallen, was insofern günstig war, als wir uns nun auch mit dem Bau von Eskimo-Iglus vertraut machen konnten. Es genügte schon eine Kerze um den Iglu angenehm zu temperieren. Und als Unterlage konnten wir Stroh beschaffen.

Die letzten Tage im Semmeringgebiet waren mit der Ergänzung von Ausrüstung und Bekleidung ausgefüllt. Transportstärken mußten gemeldet werden. Alles deutete darauf hin, daß es bald auf die Reise ging.

Mitte Februar 1941 war es soweit: in mehrtägigem Bahntransport wurden wir über Wien - Budapest - Temésvar - Siebenbürgen nach Crajova in Rumänien gefahren, von wo wir gleich in den uns zugewiesenen Unterkunftsraum, süd-westlich Crajova, nahe der durch die Donau gebildeten Bulgarischen Grenze, marschierten.

Es war eine arme, wegen der Grenznähe, wenig erschlossene Gegend, in der wir in der Hauptsache auf Biwak angewiesen waren.

Auf dem Bahntransport hatte ich mir noch einmal die Generalstabs-Studie über Rumänien vorgenommen, um mich speziell über den Raum zwischen Crajova und der Bulgarischen Grenze zu informieren. Dabei bin ich auf verschiedene Hinweise gestoßen, die so wichtig waren, daß bei jedem Transport noch vor der Ausladung gleich ein Mannschaftsappell angeordnet werden mußte, um unsere Leute über das zu belehren, was sie im fremden Land erwartete.

Jeder Transportführer erhielt noch unterwegs auf der Bahnreise meinen diesbezüglichen Abteilungsbefehl, der u. a. folgende Punkte enthielt:

„Zugewiesener Versammlungsraum dünn besiedeltes, armes, wenig erschlossenes Gebiet, daher überwiegend auf Biwak angewiesen. Befreundetes Land, daher Achtung vor dem Eigentum der Bewohner: Requisitionen streng untersagt. Wasser für menschlichen Genuss stets vorher abkochen!

Wälder und Waldstücke bestehen in unserem Raum hauptsächlich aus Akazien; deren Rinde ist sehr giftig, daher strenges Verbot, Pferde und Tragtiere an Akazienbäumen anzubinden oder Akazien zum Bau von Feldställen zu verwenden!

Ständige Überwachung dieses Befehls durch alle Einheitsführer!"

Ein Glück, daß ich die Rumänien-Studie unterwegs nochmal gründlich gelesen hatte. Wenige Tage nach dem Eintreffen der Division wurde bekannt, daß bei der pferdebespannten leichten Feldhaubitzenabteilung unseres Regiments, von welcher eine Batterie in einem Waldstück biwakierte, in der Nacht viele Pferde am Gift der Akazienrinde erkrankten und sich in Krämpfen wälzten. Trotz sofortigen veterinärärztlichen Maßnahmen gingen, bis zum Morgen, gegen 40 der besten Zugtiere elendiglich ein. Die Batterie war bewegungsunfähig, denn was u. a. auch meine Abteilung von den Bespannungen der Verpflegungsfahrzeuge freimachen konnte, um zu helfen, war zu wenig und auch für die schweren Geschütze- und Munitionswagenschlecht geeignet.

Wir selbst mußten, als sich die Division in Marsch setzte, Ochsengespanne mieten, um Gespännig, grundloses Gelände, zu überwinden. Ich kannte das schon von den Schlammstrecken im serbischen Feldzug 1915.

Wegen des Vorfalls bekam der Divisions-Veterinär vom General Schörner eine „saftige Abreibung", denn der Veterinäroffizier war dafür verantwortlich, daß schon beim Eintreffen in Rumänien ein Hinweis in den Divisionsbefehl hätte aufgenommen werden müssen, mit welchem vor der Gefährlichkeit der Akazien gewarnt wurde. Die betroffene Batterie mußte auf Pferdeersatz warten und marschierte später ihrer Abteilung nach, ohne noch am Kampfgeschehen teilgenommen zu haben.

Während es im Semmeringgebiet noch kalt war, herrschte in der Walachei bereits Frühlingswetter. Die wenigen in unserem Raum vorhandenen „Straßen" waren durch das Tauwetter grundlos geworden und in der Donauniederung, südwestlich Crajova, gab es überhaupt keine Wege. Die Donau bildete die Grenze zwischen Rumänien und Bulgarien. Offensichtlich sollte dieses Gebiet unerschlossen bleiben, um Grenzüberschreitungen zu erschweren.

Nachdem alle Transporte der 6. Geb. Div. im Raum um Crajova angelangt waren, wurde nun; wenigstens uns Kommandeuren gegenüber, „der Deckel von dem geheimnisvollen Topf gelüpft": Unsere Division war zusammen mit der 5. Geb. Div. und zwei Panzer-Divisionen dazu ausersehen, Griechenland zu besetzen, um das Vordringen der, in Saloniki und im Hafen von Athen (Piräus), gelandeten,Britischen Kräfte zu stoppen.

Zunächst waren die Griechischen Truppen, welche in der nach Französischem Muster (Maginotlinie) geschaffenen, stark, befestigten Metaxas-Linie, zu schlagen, bevor ihnen die Engländer zu Hilfe kommen konnten. Eile war also geboten. Denn zum Aufmarschgebiet an der Bulgarisch-Griechischen Grenze hatten wir von unserem Versammlungsraumbei Crajova, den Donau-Übergang, und anschließend mehr als 600 km Marsch, u. a. über das Balkangebirge, zu bewältigen; bis wir uns zum Angriff bereitstellen konnten.

Mit Bulgarien war jetzt ein „Freundschaftspakt" geschlossen worden, so daß wir das Land unbehindert, vielmehr sogar mit großer Unterstützung der Bevölkerung, von Nord nach Süd, überqueren konnten.

Für den Donauübergang wurde eine verhältnismäßig, schmale Stelle gegenüber dem Bulgarischen Grenzstädtchen Lom gewählt, und der Bau einer etwa 900 m langen Pontonbrücke befohlen.

In den folgenden Tagen war ich mit meinen Batteriechefs unterwegs, um die günstigsten Anmarschwege zu erkunden und überall notwendige Verbesserungen anzuordnen, durch welche das, zum Teil sumpfige, Gelände gangbar werden sollte.

Alle verfügbaren Kräfte waren dazu nötig. Soweit „verlastet" marschiert werden konnte, war es möglich, schwierige Stellen zu umgehen. Für die Bespannfahrzeuge mußten die zusätzlich gemieteten Ochsen- bzw. Büffel-Gespanne herangezogen werden.

Für motorisierte Teile der Division war die Pontonbrücke nicht geeignet. Sie wurden in einer besonderen Marschgruppe zusammengefasst, welche, auf großen Umwegen, über eine feste Brücke, einer folgenden Panzerdivisionen angehängt wurde und die wir erst in der letzten Phase des Feldzugs wiedersahen.

Auch mit den pferdebespannten Troßfahrzeugen bekamen wir nur selten Verbindung, da wir meistens im Gebirge operierten, und dort, ausschließlich, auf unsere Tragtiere angewiesen waren.

### Marsch durch Bulgarien zur Griechischen Grenze

Am 5. März 1941 war es soweit. Über 50 Stunden dauerte der Übergang über die Donau, allein für unsere Division (ohne die Motorisierten Teile, die ja an anderer Stelle übersetzten). Zuerst überquerten die Gebirgsjäger-Regimenter den Strom. Wir mußten vor der Übergangsstelle nochmal biwakieren, bis die Gebirgsartillerie an die Reihe kamen.

Neunzehn Tage (drei Rasttage inbegriffen) dauerte unser Marsch aus dem Sumpfgebiet, südwestlich Crajova, über die Donau bei Lom, dann über die Kreisstadt Ferdinand - nach dem deutschstämmigen Zaren F. , jetzt umbenannt in Mihailovgrad - über den schneebedeckten Petrohanpaß (Balkan Gebirge), weiter nach Sofia. Von hier zwischen Rhodope- und Rila-Gebirge hindurch, bis zur Griechischen Grenze, in unseren Aufmarschraum, westlich von Petric, am Fuß des Belasitscha-Gebirges.

Je nach Geländeschwierigkeit betrugen die täglichen Marschleistungen zwischen 30 und 50 km, im Durchschnitt 40 km. Glücklicherweise war der Zustand der Straßen jetzt weit besser als in Rumänien, so daß wir fast immer in Fahrstellung marschieren konnten. Im Gebirge mußten wir, manchmal für die Tross-Fahrzeuge, Vorspann nehmen.

Mit Ausnahme bei Sofia, wo wir Ortsunterkunft fanden, und noch einmal in einem Tabakanbaugebiet, wo wir leere Fermentier Hallen als Unterkunft benutzen konnten, wurde immer biwakiert. Es sollte die Bevölkerung Bulgariens, welcheuns überall begeistert begrüßte, und uns mehrfach unterwegs, an der Straße mit Waschkörbenvoll, gekochten Eiern und schmackhaftem Brot bewirtete, mit Einquartierung möglichst verschont werden.

In der Ortschaft nahe Sofia, wo ich das einzige Mal auf diesem Marsch bei einer bäuerlichen Familie Quartier fand, lernte ich die Bulgarische Gastfreundschaft kennen. Am Hauseingang begrüßte mich das Ehepaar. Die Frau hielt mir eine zinnerne Waschschüssel hin und füllte sie aus einem zinnernen Krug; einemsogenannten

„Aquamanile", mit Wasser, damit ich mir die Hände waschen konnte. Nach dem Abtrocknen reichte man mir „Brot und Salz" als Zeichen der Freundschaft und führte mich zu einem sauberen Zimmer mit einem ebensolchen Bett, damit ich mich vor dem Essen ausruhen könne. Alles ging mehr oder weniger in der Zeichensprache vor sich, denn die Gastgeber verstanden nicht Deutsch und ich nicht Bulgarisch. Dann erwartete mich die ganze Familie.

Darunter eine inzwischen aus Sofia heimgekehrte etwa 16 jährige Tochter, die dort im Gymnasium sogar Deutschunterricht hatte und die nun sehr nett als Dolmetscherin fungierte. Nun konnten wir uns ganz gut verständigen.

Man hatte zu Ehren des deutschen „Gospodin" und seines Adjutanten ein Lamm geschlachtet und vorzüglich mit allerlei Beilagen zubereitet. An die balkanübliche Schärfe mußten wir uns erst gewöhnen. Dazu half aber der recht gute Bulgarische Landwein, der mildernd gegenüber den kleinen roten Paprikaschoten wirkte.

In dieser Ortsunterkunft bei Sofia hatten wir einen Rasttag. Hier trafen auch unsere, meist bei Nacht marschierenden, motorisierten Teile ein, so daß man an sein Gepäck ran konnte, und sich gründlich reinigen, undendlich Wäsche wechseln konnte. Ab jetzt hatte ich auch meinen PKW „Steyr" mit meinem Fahrer Hellinger zur Verfügung und konnte an den weiteren Marschtagen zur Erkundung von geeigneten Biwakplätzen vorausfahren.

Das Gebiet, durch das wir nun noch kamen, war wenig besiedelt, und man mußte lange suchen, bis genügend Raum zum Biwakieren, für die ganze Abteilung, Nähe von Trinkwasser, usw., gefunden wurde.

Als wir am 27. März 1941 die Grenzstadt Petric erreichten, wo der Divisions-Kommandeur und die Regimentskommandeure mit ihren Stäben, schon seit Tagen, eingetroffen waren und durch den Oberbefehlshaber der Armee, Generaloberst (später Feldmarschall) List, eingewiesen wurden, und anschließend ihre Erkundungen durchführten, meldete ich mich bei Oberst Schricker und erfuhr hier das, für mich zunächst, Wissenswerte.

Wir hatten noch ungefähr 15 km zu marschieren, um in unseren Aufmarschraum, in der Nähe eines kleinen Dorfes, westlich Petric, zu gelangen, wo wir dann, bis zum Einrücken in die „Bereitstellung zum Angriff", biwakierten.

Wir zelteten im etwa 500 Meter hoch gelegenen Tal der Strumitza (rechter Nebenfluß des Struma-Flußes), am Fuß des sich bis zu 2.000 m erhebenden Belasitscha-Gebirges, und nur etwa 5 km von der Jugoslawischen Grenze entfernt (Dreiländer-Ecke Jugoslawien - Bulgarien - Griechenland).

Es war schon dunkel, als die Abteilung, nach 40 km Marsch, ihre Biwakplätze erreichte und sich zunächst einmal provisorisch einrichtete. Nachdem die Tiereversorgt waren gab es dann endlich aus den Feldküchen noch etwas Warmes. Denn tagsüber konnte man nur kurz rasten und lebte von der ausgegebenen kalten Verpflegung, die Jeder im Rucksack hatte und von dem, was einem die Bevölkerung, auf dem Durchmarsch durch die ärmlichen Dörfer, zusteckte.

Für die ganzen Marschtage hatte ich angeordnet, daß die unerlässlichen Wachen so eingeteilt werden sollten, daß jeder Posten nur eine Stunde zu stehen brauchte. Wir waren zwar in einem befreundeten Land, aber jetzt nur noch knapp 5 km von der Griechischen und der Jugoslawischen Grenze entfernt. Erhöhte Aufmerksamkeit war daher angezeigt.

Hier muß ich kurz etwas zur „Lage" einflechten: Wir - d. h. zwei Gebirgsdivisionen und zwei Panzerdivisionen - waren bereitgestellt, um Griechenland anzugreifen:

> a) um die in Piräus und in Saloniki gelandeten Britischen Truppen (Australier und Neuseeländer) an der Besetzung des Landes zu hindern,

b) um die mit wenig Glück, an der albanischen Grenze, kämpfenden Italiener (unsere „Bundesgenossen") zu entlasten.

c) Das im Februar aufgestellte Afrikakorps, unter Rommel, hatte die Aufgabe, die Italiener, in ihren nordafrikanischen „Provinzen" (= Eroberungen, die im Abessinienkrieg und in Lybien gemacht worden waren), welche die Engländer stark bedrängt wurden, zu entlasten.

Die Gesamtstrategie lief - darauf hinaus, zu verhindern, daß die Engländer das Mittelmeer beherrschten und - ähnlich wie in der letzten Phase des ersten Weltkriegs - von da aus auf dem europäischen Festland Fuß fassten.

(Was ja dann ab Mitte 1943 infolge der unzuverlässigen Haltung der Italiener tatsächlich geschah!) (Anmerkung vom Herausgeber: „zum Glück! Nachträglichen Dank an die Italiener!")

Solange wir auf dem Marsch durch Bulgarien waren, wurde bekannt, daß Jugoslawien einen „Freundschaftspakt" mit dem Hitler-Deutschland geschlossen habe. Der Prinzregent, von Jugoslawien, Paul, konnte gar nicht anders, denn Ungarn, unter dem Reichsverweser (der ehem. Monarchie) Admiral Horthy, stand seit 1939 auf der Seite Hitlers.

Man brauchte also nicht zu befürchten, daß in der rechten Flanke, der gegen Griechenland operierenden Armee, etwas passieren könnte.

Das änderte sich jedoch gerade in den Tagen, als wir von Sofia nach Petric marschierten. Revolutionäre Kräfte; sicher durch die Geheimdienste der Gegner unterstützt; stürzten die Regierung des Prinzen Paul.

Dieser mußte sich unter den Schutz des großdeutschen Reiches begeben.

Jugoslawien stand nun auf der Seite der Gegner. Wie es sich verhalten würde, wenn unser Angriff auf Griechenland gestartet wurde, war ungewiss.

Auf jeden Fall war die rechte Flanke der Armee List nun gefährdet. Und die 6. Gebirgsdivision, das hatte ich schon in Petric von Oberst Schricker gehört, bildete den rechten Flügel der Angriffs-Armee!

Bulgarien hatte seine Grenzen gegenüber Griechenland und Jugoslawien, mit den friedensmäßig, üblichen Grenzwachen, besetzt. So sollte es auch bleiben; die deutsche Führung wollte die Gegenseite über ihre Absichten möglichst im Unklaren lassen. Daher war strengste Geheimhaltung aller Bewegungen im Grenzraum und der Stärke der Truppenverbände befohlen. Was natürlich nicht ausschloss, daß die Geheimdienste der Gegner auch am Werk waren.

Meine Hoffnung, nach den anstrengenden Marschtagen mal ausschlafen zu können, war trügerisch. Ich war erst kurz nach Mitternacht in meinen Schlafsack gekrochen und kaum eingeschlafen, als aus Petric der Kradmelder des Regiments kam und den Befehl brachte, ich sollte, zusammen mit meinem Adjutanten und dem Abteilungsveterinär, um 8 Uhr früh, in der Bulgarischen Kaserne von Petric sein, um dort Tragtiere und Geschütze zu übernehmen. Nichts Näheres sonst.

Nach vergeblichen „Weckversuchen" - mein neuer Adjutant Leutnant Seydel schlief mit mir im Zelt, und war nicht wachzukriegen, sorgte ich selber dafür, daß mein Fahrer Hellinger und die für Petric benötigte Begleitung durch die Wache rechtzeitig geweckt wurden. Mit dem schön Ausschlafen war's also nichts. Jetzt diktierte General Schörner wieder den „Stundenplan"!

Mein Bursche Lienhardt (mein von Garmisch mitgenommener erster Bursche Wieland war schon vor dem Donauübergang wegen einer Kniegelenksentzündung ins Lazarett gekommen und kam nicht mehr zur Abteilung zurück) machte uns noch einen Kaffee. Um 7 Uhr ging es dann ab nach Petric.

Oberst Schricker, bei dem ich mich zunächst meldete, setzte mich ins Bild: Die 6. Gebirgsdivision würde den rechten Flügel der Armee bilden und den Angriff, über das bis zu 2.000 m hohe Belasitscha-Gebirge, zu führen haben. Die beiden Gebirgsartillerie-Abteilungen, mit ihren 7,5 cm Geb. Geschützen, waren hier die einzige verwendbare Artillerie, denn die pferdebespannte LFH-Abteilung (Leichte Feld Haubitzen Abteilung) und die schwere motorisierte Abteilung, konnte in dem weglosen, und auf der Bulgarischen Seite, zudem noch mit bis zu drei Meter schneebedeckten, Grenzgebirge nicht eingesetzt werden.

Diese sollten daher die Artillerie der Nachbardivision (5. Geb. Div.), beim Durchbruch über den Rupel-Pass, verstärken.

Die ungeklärte Lage, gegenüber Jugoslawien, erforderte erhöhten Flankenschutz! Da jedoch andererseits die Kampfkraft meiner Abteilung, beim Einbruch über den Belasitscha-Grenzkamm, nicht geschwächt werden durfte, kam „man" auf die „glorreiche" Idee, meiner Abteilung eine weitere Batterie anzuhängen, die beim Grenzschutz gegenüber Jugoslawien verwendet werden sollte.

Auf diplomatischem Wege kam man mit den Bulgaren überein, daß sie uns eine ihrer, in Petric stationierten, Gebirgsbatterien „leihen" sollten, jedoch nur die Geschütze und Tragtiere; die Bedienungen müßten wir selbst stellen, da ja Bulgarische Soldaten nicht in Erscheinung treten durften, um die, gegenüber Jugoslawien, bekundete „Neutralität" nicht zu verletzen.

Soviel Bedienungsleute konnte ich natürlich für diesen Zweck unmöglich freimachen. Oberst Schricker versprach mir, als ich meine Bedenken äußerte, daß mein „Kollege" von der 2. Abteilung, welche im linken Abschnitt der Division eingesetzt war, und von daher nicht betroffen war, mit Mannschaften und Unteroffizieren aushelfen müßte.

Jetzt hatte es mich mal wieder „erwischt": wenn's schwierig zu werden schien, dann konnte „man" dem Kühnert schon etwas zumuten. Da der Befehl von der Division oder noch höheren Orts kam, konnte weder der Regimentskommandeur, noch ich, etwas dagegen tun. Erfreut waren wir beide nicht darüber.

Eine Batterie mit mühsam „zusammengekratzten" Personal aufzustellen; in kürzester Zei. Nur wenige Tage standen zur Verfügung, um diese einsatzbereit zu machen.

Dazu sollte man hexen können; denn die in den kommenden Tagen, sowieso, auf uns zukommenden Aufgaben würden einen ja, über Gebühr, in Anspruch nehmen.

Ich überlegte gleich, welchem Offizier meiner Abteilung ich diese Batterie anvertrauen könnte, denn es mußte ein erfahrener Artillerist sein und ich hatte schon auf dem Hermarsch Umbesetzungen vornehmen müssen, da man mir, zwischen Petrohanpass und Sofia, meinen besten Batteriechef, Beeri, Knall auf Fall, weggeholt hatte. Jetzt kurz vor dem bevorstehenden Einsatz!

Batterie Chef Berri

Angeblich auf die Anweisung des Heerespersonalamts wurde er wegversetzt, weil er, entsprechend seinem Rangdienstalter, eine Abteilung bekommen sollte. Oberst Schricker, der mit dem Divisionsstab vorausgefahren war, brachte diese Nachricht, als wir gerade eine Rast eingelegt halten. Mein Protest gegen diese Versetzung nützte nichts, er habe selbst schon beim Div. Kommandeur versucht, die Sache rückgängig zu machen. Ohne Erfolg.

Es blieb nur ganz kurze Zeit, um Abschied zu nehmen, denn Schricker wollte Beeri nach Sofia mitnehmen, da von dort die Möglichkeit bestand, mit der Bahn über

Bukarest in die Heimat zu gelangen. Ich habe Beeri sehr ungern gehen lassen, und er selbst war wütend auf Schörner, denn er vermutete ihn als Veranlasser dieser Versetzung.

Es stimmte zwar, daß er Kommandeur der Gebirgsart.- Ersatzabteilung in Hall in Tirol wurde, aber daß er den Griechenlandfeldzug, nach all den Vorbereitungen, und Anstrengungen, nicht mitmachen durfte, das konnte er nie ganz verwinden. Im späteren Verlauf des Krieges war er Abteilungskommandeur in einem Heeresküsten- artillerie-Regiment, dessen Geschütze an der Küste der Normandie, stationär in Bunkern, eingebaut waren.

Bei der Invasion der Alliierten 1944 wurden die, nur für die Vorwärtsverteidigung eingerichteten, Schartenge- schütze von hinten erobert und Beeri geriet in Gefan- genschaft. Er verbrachte mehrere Jahre in einem Kriegsgefangenenlager auf den Shetland-Inseln, bis er endlich nach Hause zurückkehren konnte.

Wir und unsere Frauen blieben auch nach dem Krieg eng befreundet und trafen uns öfter in Garmisch, wo zuerst seine schwer leidende Frau, und dann er selbst, starb.

Die erste Batterie, die Beeri geführt hatte, erhielt jetzt den Oberlt. Stinglwagner als Chef. Ich verzichtete natür- lich nur ungern auf meinen „eingefuchsten" Adjutanten. Aber für den bevorstehenden Einsatz war es wichtiger, zuverlässige Offiziere in den Gefechtsbatterien zu ha- ben.

Für die neu aufzustellende „Bulgaren-Batterie" mußte ich mir einen Offizier aus einer der bestehenden Batterien holen. Darüber wollte ich zunächst mit den Batteriechefs sprechen.

In der Bulgarischen Artillerie-Kaserne wurde uns die zu übernehmende Batterie vorgestellt. Es handelte sich um Skoda-Geschütze derselben Bauart, mit der meine Abteilung ausgerüstet war, bevor wir das neue „Gebirgsgeschütz 36" bekamen. Unsere Munition passte auch für die Skoda, da gab es also keine Schwierigkeiten.

Die Tragtiere waren soweit auch in Ordnung, aber nicht so gut, wie unsere Muli. Unser Veterinär untersuchte die einzelnen Tiere und erreichte, daß einige, wenig geeignete, ausgetauscht wurden. Die Verständigung mit den Bulgaren erfolgte mit Hilfe eines gut deutschsprechenden Dolmetschers.

Vom Bulgarischen Abteilungskommandeur wurde ich, mit meiner Begleitung, ins Kasino eingeladen. Ich konnte das nicht abschlagen, obwohl wir sehr im Zeitdruck waren; wir mußten höflichkeitshalber zum Essen bleiben.

Die Bulgarischen Offiziere schienen etwas traurig darüber zu sein, daß sie eine Batterie hergeben mußten. In einer, durch Dolmetscher übersetzten, Ansprache, versicherte ich ihnen, daß wir die geliehene Batterie wie unsere eigene pflegen würden und, wenn es zum Einsatz käme, ihr Ehre machen wollten. Ich trank auf das Wohl der Bulgarischen Armee.

Man versprach uns, die vier Geschütze, samt den dazugehörigen Tragtieren, für den nächsten Tag auf unserem Biwakplatz zu übergeben, was dann auch so geschah.

Nun hatten wir alle Hände voll zu tun, um das Personal für die Bulgaren-Batterie zusammen zubekommen und, um die zusammen gewürfelten Bedienungen dann zu schulen.

Als Batteriechef bestimmte ich Oberleutnant Kopp, der bei den Übungen am Semmering neu zur Abteilung gekommen war und mir einen guten Eindruck machte. Ich hoffte, daß es ihm gelingen würde, seinen „Haufen" einigermaßen „auf Drapp" zu bringen. Ich selbst konnte mich nun nicht mehr viel um die Skodabatterie kümmern, denn für mich überstürzten sich die Aufgaben.

In einer Schule des nächsten Dorfes fand, streng durch Posten gegenüber der Bevölkerung abgeschirmt, eine Lagebesprechung im Beisein des Divisionskommandeurs statt, bei welcher der Kommandeur des Gebirgsjägerregiments, Oberstleutnant Radziej (ein Schlesier, polnischer Abstammung), einen Vortrag über die Aufgaben seines Regiments 143 und meiner Abteilung, welche - ebenso wie schon bei den Übungen in der Steiermark - ständig auf die Zusammenarbeit mit den 143er Gebirgsjägern angewiesen sei. („Auf Zusammenarbeit angewiesen" heißt in der Befehlssprache, daß man nicht „unterstellt" ist, sondern daß alle Maßnahmen und Entschlüsse in gemeinsamen Überlegungen getroffen und gefasst werden).

Radschi (so spricht man den Namen aus) unternahm in der mehrjährigen engen Zusammenarbeit nichts, ohne sich von mir artilleristisch beraten zu lassen, und er hielt sehr viel von der Artillerie! Als ehemaliger Taktiklehrer an der Kriegsschule Dresden, hielt er, an Hand eines Lageplans, einen brillanten Vortrag über unsere nächsten Aufgaben:

Wir sollten am rechten Flügel der Division, also auf dem höchsten Teil des Belasitscha-Gebirges, an der Dreiländerecke, eingesetzt werden, die dicht hinter der Grenze befindlichen Bunker-Stellungen nehmen. Abschließend raschestens in Richtung Saloniki durchstoßen, und dadurch der Metaxas-Stellung in Flanke und Rücken zu kommen.

Links von uns, auf dem etwas niedrigeren Teil des Belasitscha-Gebirges, war das Geb. Jäger-Regt. 141, mit der 2. Abt. 118 eingesetzt.

Dann schloß sich die 5. Geb. Division unter General Ringl an. In ihrem Abschnitt waren auch die Panzer und die gesamte schwere Artillerie der beiden Divisionen konzentriert, denn am Rupel-Pass befanden sich die stärksten Befestigungen der Metaxas-Linie.

Als ich wegen der Bulgarischen Geb. Batterie in Petric war, traf ich übrigens zufällig meinen Freund Wittmann vom Regiment 79. Er war jetzt Oberstleutnant und Kommandeur des Geb.Art.Regiments der 5. Geb. Div. und hatte, irgendwie, auch etwas mit den Bulgaren zu tun.

Die Wiedersehensfreude war groß. Jedoch hatten wir beide nur wenige Minuten Zeit. Wir trafen uns erst nach dem Krieg wieder und stehen laufend miteinander in

Verbindung. Wittmann, der auf Kreta, als Führer der Vorausabteilung der 5. Geb. Division, das Ritterkreuz erhielt, brachte es bis zum Generalleutnant, und war zuletzt Kommandeur einer Gebirgsdivision.

Bei der Lagebesprechung waren außer den Kommandeuren auch die Kompagnie- und die Batteriechefs zugegen. Eine nochmalige Unterrichtung im engeren Kreis erübrigte sich dadurch, und man konnte gleich an die notwendigen Erkundungen gehen.

Strengste Geheimhaltung und größte Vorsicht bei Bewegung in Grenznähe wurde allen zur Pflicht gemacht!

In aller Frühe brach ich mit meinen Batteriechefs zu den Bulgarischen Postenhäusern auf; dicht unterhalb der auf dem Kamm verlaufenden Grenze auf. Jeder durfte nur einen Begleiter bei sich haben. Die Kommandanten der Bulgarischen Grenzpostierungen waren unterrichtet.

Wir hatten gut vier Stunden anzusteigen. Ab etwa 2.200 m lag noch viel Schnee, welcher, unterhalb des Grenzkamm's, infolge von Verwehungen, bis zu drei Meter Höhe reichte.

Zu den Postenhäusern und den Postenständen am Kamm führten Trampelpfade. Zur Tarnung „verkleideten" wir uns mit, den langen erdbraunen, Mänteln und Mützen der Bulgarischen Soldaten. Wir hängten uns ihre Gewehre, mit aufgepflanzten Bajonetten, um und lösten so ihre Doppelposten am Grenzkamm ab.

Wo sich von der Griechischen oder serbischen Seite Soldaten näherten, zogen wir uns zurück und ließen uns von den „echten" Bulgaren ablösen.

Anfänglich fühlten wir uns in den Bulgarischen Uniformen etwas unbehaglich, weil wir Ungeziefer befürchteten. Doch merkten wir nichts dergleichen und konnten unsere Erkundungen ohne Jucken und Kratzen durchführen.

Die Griechen merkten nichts. Sie hielten sich unterhalb des Grenzkamm's in der Nähe ihrer Postenhäuser und M.G. (Maschienengewehr) Bunker auf. Da die Sicht klar war, konnten wir die einzelnen, etwa 200 m unterhalb der Grenze befindlichen, Verteidigungsanlagen gut ausmachen und festlegen.

Schwierigkeiten machte nur die Schaffung von Bereitstellungsräumen für die vielen Soldaten und Tragtiere am Nordabfall des Gebirges, nahe des Grenzkamm's. Dort lag am meisten Schnee. Aber als wir am folgenden Tag nochmals aufstiegen, damit die Geschützführer, der für die Bunkerbekämpfung vorgesehenen Geschütze, eingewiesen werden konnten, stellten wir fest, daß: „in der vergangenen Nacht hunderte von Bulgarischen Zivilisten, zur Verbesserung der Tragtierpfade, und zum Ausschaufeln von Bereitstellungsräumen, angesetzt worden waren und diese sie diese Tätigkeit in den folgenden Nächten fortführen würden."

Auch wegen der Bulgaren Batteriehatte ich jetzt weniger Sorgen. Diese sollte zur Verstärkung des Grenzschutzes, gegenüber Serbien, eingesetzt werden und dann stehen bleiben. Es war also nicht beabsichtigt, sie im Angriff auf Griechenland mitzunehmen; das wäre ein schwieriges Problem geworden.

Wir Soldaten haben in diesen Tagen wenig über die Vorgänge in der Politik erfahren und waren überdies, mit unseren militärischen Vorbereitungen, mehr als in Anspruch genommen. Aber eines war jetzt klar, daß Jugoslawien, nun nach dem Sturz der Regierung des Prinzregenten Paul, zu den Feinden zu rechnen war, und daß damit auch sein bisheriges Verhältnis zu Bulgarien sich ändern würde.

Der Freundschaftspakt zwischen Bulgarien und Jugoslawien war ja nun, durch den Sturz der Jugoslawischen Regierung, illusorisch geworden. Das bekamen wir gleich zu spüren: Die Bulgaren wünschten sich die Rückgabe der uns „geliehenen" Geschütze und Tragtiere, da sie die Truppen, ihrer Grenzgarnison Petric, auf volle Kampfstärke bringen wollten.

Die deutsche Führung entsprach diesem Wunsch; wir bekamen Befehl, die mit vieler Mühe und in fieberhafter Eile zusammengestellte Bulgaren Batterie, wieder aufzulösen und das Geliehene zur Abholung bereitzustellen. Alle Arbeit war also „für die Katz", aber ich war darob nicht böse, denn die personelle Schwächung, unserer beiden Abteilungen, hätte uns wahrscheinlich, während des Feldzugs, manchen Kummer bereitet.

Nach der Übergabe, des Geschützes und den Tragtieren, an die Bulgaren konnten die Bedienungen wieder ihren, vorher bestimmten, Einheiten zur Verfügung gestellt werden.

Jeder fühlte, daß es bald losgehen würde; Appelle wurden abgehalten, um Waffen und Ausrüstung zu kontrollieren. Wir hatten uns darauf einzustellen, daß für den bevorstehenden Einsatz nur das mitgenommen werden konnte, was von einem Mann getragen, oder auf Tragtiere verlastet werden konnte.

Unsere Trossfahrzeuge, sowohl die pferdebespannten, wie auch die motorisierten, würden wir nicht so bald wiedersehen. Diese waren ja auf Straßen angewiesen. Diesewurden deshalb in besonderen Marschgruppen zusammengefasst, für den Fall, daß erst einmal der Weg freigekämpft war. Auf den Straßen hatten daher Panzer und motorisierte Artillerie Vorrang. Vor allem was pferdebespannt marschierte.

Griechenland Feldzug

Am 4. April 1941 wurde mir, durch einen Offizier des Divisions-Stabs, als „Geheime Kommandosache" der „Divisionsbefehl für den Angriff" überbracht, welcher im Wesentlichen wie folgt lautete (ich erwähne nur das uns betreffende): „Geb. Jäger-Regt. 143 und 1. Geb. Art. Abt. 118 stellen sich in den vorbereiteten Räumen, dicht unterhalb des Belasitscha-Grenzkamm's, bereit und beziehen in der Nacht vom 5 zum 6. 4. die erkundeten Ausgangsstellungen. Am 6. 4., frühmorgens, um 5:20 Uhr, wird angegriffen." (Die Zeitangaben waren natürlich verschlüsselt.) Es wurde noch darauf hingewiesen, daß alle Bewegungen in der Dunkelheit, und so lautlos wie möglich, zu erfolgen hätten. Das Überraschungsmoment sollte ja gewahrt werden.

Es gab viel zu tun an diesem 4. April: „Ich rief die Führer der Batterien zu mir und gab meine Befehle. Verpflegung mußte für die nächsten Tage ausgegeben werden. Diese mußte teils vom Mann im Rucksack getragen, teils auf den vorgesehenen Tragtieren verlastet werden.

Die Feldküchen, welche ja beim Tross bleiben mußten, beorderte ich in die Nähe der Stelle, von welcher der Aufstieg zum Gebirge beginnen mußte. Dadurch wurde ermöglicht, in der Nacht vom 4. auf 5. und vom 5.zum 6. 4. nochmals warme Verpflegung auszugeben, welche, mit den bei jeder Batterie vorhandenen Kochkisten, in die Bereitstellungsräume zu verbringen waren."

In der ersten Nacht wollten wir, etwa halbwegs des Aufstiegs, biwakieren. Entsprechender Raum, unterhalb der Schneegrenze, war bei den tags zuvor erfolgten Erkundungen, in Waldstücken, nahe dem Aufstiegspfad, festgelegt worden.

Es galt an Vieles zu denken und zu befehlen. Aber das war für mich längst Routinesache.

Wichtig war indes, die Durchführung der befohlenen Maßnahmen, auch zu überwachen. Die Nacht auf halber Höhe war kühl, immerhin konnte man hier noch einmal einigermaßen ruhen. In den obersten Bereitstellungsräumen, die im tiefen Schnee ausgeschaufelt waren, war an Ruhe kaum zu denken. Somitwar die Truppe dich noch einmal mehr geschont, als wenn der Aufstieg in einer Nacht erfolgt wäre, und man dann, unmittelbar, zum Angriff antreten mußte.

Am 6. April, etwa eine Stunde vor dem Angriffstermin, wurden die, für den Bunkerbeschuss, eingeteilten Geschütze in die markierten Stellungen geschafft, aus welchen die Griechischen Grenzbefestigungen, auf nächste Entfernung,in direktemSchuss, niedergehalten werden konnten.

Auf dem letzten Stück, auf dem Grenzkamm, mußten die Kanoniere die einzelnen Geschützlasten tragen. Die Tragtiere wollte man nicht zu nahe nach vorne lassen. Des Geräusches wegen. Denn man war nicht sicher, ob die Mulis trotz den vorsichtshalber, umgehängten, mit Hafer gefüllten Fressbeuteln, nicht doch zu schreien anfingen.

Gegen 5 Uhr bezog auch die erste Angriffswelle der Gebirgsjäger, zusammen mit den, ebenfalls auf die Griechischen Postenhäuser und Bunker angesetzten, Granatwerfern und schweren Maschinengewehre, lautlos, ihre Ausgangsposition. Ebenso die, zur Flankensicherung an der serbischen Grenze und zur Unterstützung der Bulgarischen Grenzwachen, bereitgehaltene Geb. Jäger-Kompagnie. Hier war jedoch kaum mit Aktionen der Serben zu rechnen.

Aus einem noch kurz vor dem Angriff erhaltenen Divisionsbefehl ging hervor, daß gleichzeitig auch Jugoslawien angegriffen würde. Von drei Seiten. Nämlich aus Kärnten, Ungarn und Bulgarien würden deutsche Panzertruppen Jugoslawien blitzartig „überfahren", so daß die dort erst anlaufenden Widerstandsmaßnahmen kaum mehr wirksam werden durften. Am wenigsten in den Bulgarisch-Serbischen Grenzgebirgen.

Mit der Uhr in der Hand standen Oberstleutnant Radziej und ich auf dem Grenzkamm zwischen zwei unserer Bunkerbekämpfungsgeschützen. Auf unserer Seite verhielt sich alles lautlos. „Drüben" hörte man ab und zu etwas Hundegebell in der Nähe der Griechischen Postenhäuser. Das aber wieder verstummte.

Offenbar hatten die Griechischen Wachen nichts bemerkt. Jedenfalls war keinerlei Bewegung zu erkennen oder zu hören. Der Wind wehte von „Drüben" her.

Fiebernd verfolgten wir den Sekundenzeiger unserer Uhren. Ich kannte das Gefühl von den Offensiven im Westen 1918 her, wo wir in höchster Spannung die „X-Zeit" (- Beginnder „Feuerwalze") und die Y-Zeit, (=

Vorverlegung des Art. Feuers und Einbruch in die feindlichen Stellungen) erwarteten.

Bei uns auf dem Belasitscha-Gebirge gab es nur eine Zeitangabe.

Der Einbruch in die Feindstellungen mußte sofort mit dem Bunkerbeschuß beginnen. Ein Vorverlegen des Feuers, ohne Beobachtung, wäre, auch wegen des Steilabfalls des Südhangs, sinnlos gewesen. Wir mußten trachten, den angreifenden Jägern, so rasch als möglich, zu folgen, um etwaigen auftretenden Widerstand, brechen zu können.

5 Uhr 20! Schlagartig wird an der ganzen Front das Feuer eröffnet.

Im Abschnitt des G.J.R. 143 hämmern die Bundesbekämpfungsgeschütze auf die Grenzbefestigungen, so daß die Maschinengewehre, der Griechen, kaum zum Schuss kommen.

Die Geb. Jäger können sich nach Durchschneiden der Drahtverhaue, unter Feuerschutz, an die Bunker und Postenhäuser heranarbeiten. Mit Handgranaten werden die, noch Widerstand leistenden, Bunkerbesatzungen „ausgeräuchert" und zur Übergabe gezwungen. Die aus den Postenhäusern, zur Verstärkung, herankommenden Soldaten flüchten unter dem Feuer der Jäger oder werden gefangen genommen. Alles spielt sich in einer halben Stunde ab.

Die vorderste Verteidigungslinie ist genommen und das Regiment schickt sich an, die Befestigungen der zweiten Linie anzugreifen.

Ich befehle meinen Batterien Stellungswechsel und lasse sie den Jägern folgen, um diese beim Angriff auf die zweite Linie unterstützen zu können. Der Abstieg an dem Steilhang, unterhalb des Gebirgskamms, ist für die Tragtiere mit den schweren Lasten schwierig, so daß es Alles braucht, um den Jägern folgen zu können. Aber es gelang, ohne Ausfälle!

Bei dem am Berghang liegenden, kleinen Ort Kastanusa gab es Aufenthalt. Hier hatten sich die Griechen, die sich von „oben" zurückgezogen hatten, festgesetzt und leisteten Widerstand. Es waren eine, bis höchstens zwei, Griechische Kompagnien, die das Dorf besetzt hatten. Die eigentliche zweite Verteidigungslinie befand sich weiter unten in den Felsen. Dort war der Berghang, wie durch eine Art Terrasse, unterbrochen.

Ich schlug dem Regimentskommandeur der Jäger vor, daß ich sofort eine meiner Batterien einsetzen wollte, um den, das Dorf angreifenden, Gebirgsjägern Feuerschutz zu geben. Anschließend wollte ich, sobald das Dorf genommen war, die ganze Abteilung in Stellung gehen lassen, um den Angriff des Regiments, auf der zweiten Linie, zu unterstützen.

Man hatte von Kastanusa aus eine hervorragende Übersicht über die tieferliegende Stellung der Griechen. „Radschi" war mit allem einverstanden. Die Besatzung des Dorfes konnte uns nicht lange aufhalten. Dann zog sie sich, unter Verlusten, auf die weiter unten verlaufende Verteidigungsstellung zurück.

Teile der Griechischen Kompanien wurden bei der Einnahme des Dorfes abgeschnitten und gerieten in Gefangenschaft. Mit zwei Bataillonen wurde nun die 2. Stellung angegangen. EinBataillon blieb in Reserve bei Kastanusa.

Obwohl das baumlose Gelände von der Griechischen Stellung aus gut einzusehen war, konnten sich die Jäger unter unserem Feuerschutz und in Ausnützung der Deckung, durch die vielen großen Felsbrocken, nahe an diese Stellungen heranarbeiten; und zum Sturm bereitstellen.

Dieses Heranarbeiten nahm, infolge der Geländeschwierigkeiten, und des ständigen Störungsfeuers durch die Griechischen Infanteriewaffen, ziemlich viel Zeit in Anspruch.

Wenn das Feuer der Griechen unangenehm wurde, brachten wir die Störenfriede, durch ein paar Feuerschläge, zum Schweigen und es herrschte dann, stets eine Zeitlang, Ruhe.

Wir bekamen auch Artilleriefeuer von Batterien, welche wir am Rand eines Hochplateausauf dem, drüben über dem Tal, sich erhebenden Krusia-Oros-Gebirge ausmachten. Mit dem Scherenfernrohr konnten wir das Mündungsfeuer der Geschütze beobachten: „es mußte sich um Gebirgsbatterien handeln. Durch abstoppen der Flugzeit, der Geschosse zwischen Abschuss (Mündungsfeuer) und Einschlag bei uns, stellten wir fest, daß die Feindbatterien uns gerade noch, mit ihrer äußersten Schußweite, erreichen konnten. Das merkte man auch an der großen Streuung.

Wir nahmen die Krusia-Oros-Batterien unter Feuer. Da unsere Stellungen gut 500 m höher lagen als die „Drüben", hatten wir noch eine große Reserve an Schußweite (=Rohrerhöhung), und konnten bei geringerer Streuung präziser, schießen. Nach kurzem Feuergefecht schwiegen die Griechischen Batterien.

Sie sahen wohl ein, daß bei der großen Streuung keine Wirkung zu erzielen war. Auch wir stellten bald daraufhin das Feuer ein, denn wir mußten unsere Munition zur Unterstützung des Angriffs unserer Jäger sparen. Nachschub an Munition, den die Tragtierstaffeln unserer Munitionskolonne bringen mußten, konnten wir erst in der Nacht erwarten. Sie mußten ja über das Belasitscha-Gebirge kommen.

Während der erneuten Bereitstellung der beiden Angriffsbataillone hatten sich meine Batterien auf die wichtigsten Ziele eingeschossen, so daß der Angriff, zu dem vom Regiments Kommandeur befohlenen Zeitpunkt, erfolgen konnte. Nach einem kräftigen Feuerschlag aus allen unseren Rohren, einschließlich der Granatwerfer, wurde erneut gestürmt.

Die Griechen verteidigten sich zäh; in dem sich ziemlich tief erstreckenden Geröllfeld, dessen Felsblöcke immer wieder gute Deckung boten, demonstrierten sie, was man bei uns „hinhaltenden Widerstand" nennt. Ohne Zweifel, in der Absicht, sich dann bei Einbruch der Dunkelheit abzusetzen.

Die einzelnen Nahkampf-Gruppen waren so unterschiedlich gestaffelt, daß es für unsere Batterien schwer war, Freund und Feind zu unterscheiden. Somit mußten sich unsere Batterien, von einzelnen Ausnahmen abgesehen, darauf beschränken, das Kampfgelände nach, für den Gegner, sprich für die Griechen, rückwärts abzuriegeln.

Für die Einzelkämpfe, um die Felsblöcke, hatten unsere Jäger ja ihre Handgranaten und konnten bei stärkerem Widerstand auch ihre Granatwerfer einsetzen. Es gelang schließlich doch, die Griechen, noch vor Einbruch der Dunkelheit, zur Räumung ihrer Stellungen zuzwingen und ihnen, durch das abriegelnde Artilleriefeuer, auch beträchtliche Verluste zuzufügen. Während die Ausfälle auf unserer Seite verhältnismäßig, gering waren.

Die Gebirgsjäger verfolgten den Feind, solange man noch einigermaßen Sicht hatte und unsere Batterien konnten den nun eilig Fliehenden noch eine Zeitlang den Rückweg verlegen. Dann aber verhinderte die rasch hereinbrechende Dunkelheit weitere Kampfhandlungen in dem, für beide Seiten, unwegsamen und schwierigen Gelände.

Das in Reserve verbliebene Bataillon, welches der kämpfenden Truppe sofort gefolgt war, löste die Angriffsgruppen ab und übernahm die Sicherung für die Nacht.

Es war ein heißer Kampftag: Seit dem Aufbruch in die Bereitstellung, dicht unterhalb dem Kamm des Belasitscha-Gebirges, vergingen mehr als zwanzig Stunden; bis man zur „Ruhe" übergehen konnte.

Wenigstens hatten, solange die Batterien in Stellung waren, die Tiere versorgt werden können. Wasser gab es aus einem Gebirgsbach bei Kastanusa - und zu der im Rucksack mitgeführten Konservenverpflegung konnte heißer Tee ausgegeben werden. Die Kochkisten wurden gleich wieder mit heißem Getränk für den kommenden Tag gefüllt. Müde legten wir uns, lediglich in die Zeltplanen gehüllt, auf dem harten Felsboden zu kurzer Ruhe nieder.Nicht einmal die Bergstiefel konnte man ausziehen, denn die Feindnähe gebot, zumindest für die Verantwortlichen, ein stetes auf dem „Quivive" zu sein.

Oberstleutnant Radziej und ich hatten die Gefechtsstände dicht nebeneinander. Er war mit seinen Bataillonskommandeuren und ich mit meinen Batteriechefs durch Funk verbunden. So konnte jederzeit Alarm gegeben werden, wenn von den Sicherungskräften, oder von den stündlich ausgewechselten Wachposten, etwas Verdächtiges gemeldet wurde.Wir unterhielten uns noch eine Weile, bis von allen Stellen gemeldet war, daß es vom Feind „Nichts Neues" gab.

Mit dem Verlauf des ersten Kampftages konnten wir sehr zufrieden sein, denn wir hatten mehr erreicht, als von der Division, als Tagesziel, gefordert worden war.

Auf dem linken Flügel der Division und bei der 5. Gebirgsdivision ging nicht alles so glatt von statten.

Auf dem niedereren Teil des Gebirges, und erst recht beiderseits des Rupel-Passes, waren die Befestigungen der Metaxas-Linie stärker armiert; auch standen sie dichter beisammen und mehr in die Tiefe gestaffelt.

Dem entsprechend waren dort, auf unserer Seite, auch stärkere Angriffstruppen eingesetzt. Ihnen stand die ganze, mittlere und schwere Artillerie zur Verfügung. Außerdem die Panzer, welche allerdings erst zum Einsatz kommen konnten, wenn die Grenzbefestigungen genommen waren.

General Schörner hatte sich beim Korpskommando dafür stark gemacht, mit seinen beiden Geb. Jägerregimentern, und den zwei Geb. Artillerieabteilungen, als einzige Artillerie, trotz der großen Geländeschwierigkeiten, das schneebedeckte Gebirge rasch zu überschreiten und über das Crusia-Oros-Gebirge, zur Straße, nach Saloniki durchzustoßen. Dadurch sollte die von den Griechen südlich des Rupel-Passes aufgebaute Front zum Einsturz gebracht werden.

Das, am linken Flügel der Division, eingesetzte Geb. Jäger-Regiment 147, stieß beim Überschreiten der Grenze, in der Frühe des 6. 4., gleich auf starken Widerstand. Hier gelang die Überraschung nicht. Es gab auch einige Verwirrung, als beim Angriff auf die nächstgelegenen Widerstandsnester, der Regimentskommandeur als einer der ersten fiel.

Schörner, der seinen Gefechtsstand am linken Flügel hatte, griff sofort ein und bestimmte einen der Bataillonskommandeure zum Führer des Regiments.

Das GJR 141 hatte es nicht leicht. Zwar waren die Geländeschwierigkeiten, in dem nach Osten, zum Rupel-Paß abfallenden Gebirge, geringer, dafür waren aber die Verteidigungsanlagen der Griechen zahlreicher und stärker armiert. Insbesondere der linke Flügel von 141, an den sich die, um ein Infanterieregiment verstärkte, 5. Gebirgsdivision anschloss, hing zurück.

Dieser Abschnitt wurde durch zahlreiche Betonbunker verteidigt, welche einzeln erobert werden mußten. Es gelang dem rechten Flügel von 141 Anschluß an 143 zu gewinnen und so am späten Abend doch noch das gesetzte Ziel zu erreichen.

Im Laufe des folgenden Tages wurde unser Abschnitt, der Südabhang des Belasitscha-Gebirges, von den noch vorhandenen Widerstandsnestern gesäubert.

Die von uns, in direktem Schuß, eingesetzten Gebirgsgeschütze konnten dabei den Jägern viel helfen.

Am 8. 4. erreichten wir bei Rodopolis und Livadia die Bahnlinie, die von Saloniki nach Sofia führt. Die Geb. Jägerregimenter 143 rechts, 147 links, gingen in Bereitstellung zum Angriff auf die Krusia-Oros Stellungen. Es war, wie sich herausstellte, die Kernstellung der Griechen in diesem Abschnitt.

Die beiden Abteilungen des Geb. Art. Rgt. 118, sowie eine von der 5. Geb. Div. „geliehene" Geb. Art. Abt. des Rgt. 95 bezogen Stellung, zur Überwachung der Bereitstellung und zur Unterstützung des Angriffs.

Beim Rupel-Pass wurde immer noch hartnäckig gekämpft. Wir waren also gegenüber der 5. Geb. Div. erheblich weiter vorgeprellt, was, wegen der nur schwach gesicherten Flanken, ziemlich riskant war.

Wir lagen hier im Bereich der, auf dem Plateau von Crusia-Oros, eingesetzten Griechischen schweren Artillerie. Diese gab auch in unseren Abschnitt Störfeuer ab, während dessen sie jedoch für die Schußweite unserer Geb. Geschütze nicht erreichbar war.

Ein von unserer Division beim Korpskommando angeforderter Stucka-Angriff auf diese Batterien fand um 13 Uhr 30 statt und hatte den Erfolg, daß die feindlichen Batterien schwiegen; um ihre Stellungen nicht zu verraten.

Als ich gerade, beim Regiments Kommandeur von 143, an seinem Gefechtsstand war, um an einer Lagebesprechung teilzunehmen; zu welcher auch die Bataillonskommandeure gerufen waren, tauchte überraschend General Schörner auf. Als es am linken Flügel seiner Division wegen des Zurückhängens der 5. Geb. Div. nicht recht vorwärts gehen wollte, entschloß er sich, auf Grund der günstigen Meldungen vom Regiment 143, seinebisherige Taktik zu ändern, und nun den Schwerpunkt auf den rechten Flügel der6. Geb. Div. zu legen. Zuvor wollte er sich aber persönlich ein Bild machen, wie es bei uns aussah.

Vom Div. Gefechtsstand, welcher sich beim linken Flügel des Rgt. 141 befand, mußte er, von dem dort noch ca. 1.500 m hohen Belasitscha-Ausläufer, zu dem Ort Kato-Chorio heruntersteigen. Von dort führte ein Weg weiter zu uns nach Rodopolis.

Schörner hatte nur seinen Ordonnanzoffizier bei sich und war außerdem von zwei Kraftfahrernbegleitet, sowie einer Anzahl Gebirgsjäger, welche die einzigen zwei

Motorräder, die am Tag des Angriffs vorsorglich zum Div. Gef. Stand über das Gebirge geschafft worden waren und mühsam an eine Stelle brachten, von wo aus man, auf schmalem Weg, zu uns nach Rodopolis fahren konnte.

Schlusswort:

Hier endet die Geschichte meines Großvaters abrupt. Er hat es nicht mehr gänzlich geschafft die ganze Geschichte vollends nieder zu schreiben. Sein Sohn Maximilian, welcher in diesem Jahr 2018 gestorben ist, als er nach einem Sturz von einer Zimmerleiter, im Alter von 94 Jahren, sich die Hüfte gebrochen hatte, wusste noch die weiteren Einzelheiten dieser Geschichte. Er war zur selben Zeit auch Soldat und im Russland Feldzug eingesetzt.

In wieweit Maximilian die fehlende Geschichte seinen Kindern hinterlassen hat, und ob dieser Teil noch rekabituliert werden kann, und auch noch niedergeschrieben wird, entzieht sich meiner Kenntnis.

Mutmaßlich wollte Sebastian Kühnert, in seiner Geschichte, die politischen katastrophalen Begleiterscheinungen des Holocaust, nicht zusätzlich beschreiben.Er wollte das Abbild erzählen, was er war und er erlebt hatte. Vor den Bild- und Filmdokumenten aus dieser Zeit ist jedoch ein um Verzeihung bitten, diesen Wahnsinn unterstützt zu haben, und sei es noch so ehrenhaft, auf der einen Seite, zugegangen, unerlässlich. Ich glaube man kann und darf es auch nicht wirklich verzeihen. Es mussten so viele Menschen in Verbindung mit diesem Krieg/Regime Fürchterliches erleiden. Man darf eine Entschuldigung nicht erwarten. Aufrichtig darum bitten darf man, bzw. muss man jedoch schon. Diese Gelegenheit zu nutzen, tue ich das stellvertretend für meinem Großvater: „Ich bitte um Verzeihung!"

Gerade deshalb erachte ich dieses Zeitdokument für aufschlussreich und wichtig. Diese Geschehnisse, zum einen so nah und detailliert und zum anderen die großen Zusammenhänge, in einem „Lesefreudigen" Still, vermittelt zu bekommen.

-

Es ging offensichtlich von Schlacht zu Schlacht. Die Geschichte um Sebastian Kühnert herum hat den Anschein als ob er im Gebirge, zu seiner Zeit, „unschlagbar" gewesen war.

Im weiteren Verlauf des Krieges hatte Sebastian Kühnert auch den Rückzug der Streitkräfte aus Russland, vor Moskau, mit zu leiten. Bei dieser Front war sein ältester Sohn, Maximilian, mit eingesetzt, welcher aus russischer Gefangenschaft flüchten konnte.

Maximilian musste auch noch, während des Rückzugs, desertieren. Nur so gelang es ihm, durch Kenntnis der Organisationsstrukturen, auf Fahrzeuge zuzugreifen, um Recht schnell, zügig und glimpflich nach Bad Cannstatt und nach Hause zu kommen. Dort musste er sich zunächst versteckt halten und kam somit um eine Gefangenschaft herum.

Mein Großvater wurde nach Beendigung des Krieges von den Franzosen, drei Jahre lang, in Kriegsgefangenschaft verwahrt. Man ließ ihn, und seine Mannen, auf der Pritsche eines LKW's, in die Heimat ziehen, als man sich im Gefangenenlager sicher war, sie würden weitere Strapazen nicht überleben. Er kam in Bad Cannstatt, bis zur Unkenntlichkeit, ausgehungert, an. (Man darf an dieser Stelle den Alliierten Nachbarn, Frankreich und Polen/Russland keine Vorwürfe machen, dass sie Gefangene nicht wirklich gut gehalten und versorgt hätten. Das was wir Deutschen mit Gefangenen und anders Denkenden, bis hin zu Gaskammer, und Massengräber, veranstaltet haben, löste diese Niedertracht aus.)

Nachdem er dann von seiner Familie wieder aufgenommen wurde, und nach drei Monaten wieder bei Kräften war, stellte er sich noch für zwei Wochen als wesentlich kränker dar, als er war und genoss die Pflege, welche, ihm von seinen vier Kindern und seiner Frau, entgegen gebracht wurde.

Es ist schon bemerkenswert, die beiden Weltkriege von Anfang bis zum Ende, in einer Person, als Soldat mitgemacht und überlebt zu haben und diese Geschichten, so detailliert dokumentiert, der Nachwelt hinterlassen zu haben.

-

Nachfolgend habe ich, meines Erachtens nach, ein gutes Schlusswort gefunden, welches aus der Feder von Albert Einstein stammt.

In seinem Buch „Aus meinen späten Jahren" schreibt er: >Heldentum auf Kommando, sinnlose Gewalttaten und die leidige Vaterländerei; wie glühend hasse ich sie, wie gemein und verächtlich erscheint mir der Krieg. Ich möchte mich lieber in Stücke schlagen lassen, als mich an so elendem Tunzu beteiligen!

Ich denke immerhin so gut von der Menschheit, daß ich glaube, dieser Spuk wäre schon längst verschwunden, wenn der gesunde Sinn der Völker nicht von geschäftlichen Interessen durch Schule und Presse systematisch korrumpiert würde.<

Ein Ausweg sah Einstein zum einen in der massenhaften Wehrdienst Verweigerung, zum anderen war sein Ziel eine > Weltregierung <: >Wir müssen unser Denken revolutionieren, unser Tun revolutionieren und den Mut haben, auch die Beziehungen unter den Völkern zu revolutionieren.<

-

(Hinweis: in Berlin, im Stadtteil Karlshorst, befindet sich das Kapitulationsmusseum. Dort wurde am 9.11.1945 die Kapitulation von Deutschland schriftlich unterzeichnet.

Die Tische sind mit Gläser gedeckt. Der ganze Raum ist genauso belassen wie an diesem Tag. Auf einer Leinwand in diesem Raum kann man per Film dieser Kapitulation sozusagen nachträglich beiwohnen. Im Hof stehen ein paar Artilleriegeschütze und der legendäre, russische Panzer T34. Dieser konnte im Gegensatz zu den deutschen Panzer, im Fahren schießen. Ein Besuch während einer Berlinfahrt empfiehlt sich.)

„Opa's Buch 2"

geschrieben von Sebastian Kühnert.

<u>Anmerkung vom Herausgeber und Enkel, heute selbst schon Opa, Ernst Hans:</u>

Sebastian Kühnert ist der von mir vergebene Künstlername meines Großvaters. Er hat diesen autobiographische Abschnitt in seinem Leben erst am Ende seines Lebens geschrieben. Bemerkenswert ist sein detailliertes Erinnerungsvermögen nach fast sechzig Jahren.

„Die Worterklärungen der militärischen Fachbegriffe, im Anhang, sind besonders, anfänglich, beim Lesen zu „erlernen", nachzuschauen, wichtig, um dieses einmalige Geschichtsdokument, im Einzelnen, verstehen zu können. „Zeitweise ist es so spannend wie ein Western oder Krimi."

Möge dieses Buch zum Frieden beitragen. Eventuell in der Form, dass ebend der Krieg, als Auseinandersetzung, bereits getan ist. Eine Wiederholung findet in dieser Art und Weise, so oder so, niemals mehr statt. Möge es die Toleranz zum „andersdenken" und handeln erweitern. Damit ist nicht gemeint, dass dies nun die Rechtfertigung für, „mein Denken ist! und sein soll!", „Nein". „Es ist die Toleranz gemeint: die Suche um das Verständnis meines Gegenübers.".

Zitat: Rosa Luxemburg: „die Freiheit ist immer auch die Freiheit des anders Denkenden."

*Ernst Hans Schauffele*

Begriffs Erklärungen:

Artillerie:
https://de.m.wikipedia.org/wiki/Artillerie

im Militär ist die Artillerie der Sammelbegriff für großkalibrige Geschütze und Raketen, und auch der Name der Truppengattung, welche diese Waffen einsetzt. Ihre Angehörige werden als Artilleristen bezeichnet.

Batterie:
https://de.m.wikipedia.org/wiki/Batterie_(Milit%C3%A4r)

Als Batterie (kurz Bt oder Bttr) bezeichnet man Stellungen, und militärische Einheiten, der Artillerie, welche mit Geschützen, Haubitzen, Mörsern oder Flugabwehrkanonen, bestückt sind.

Brigade:
https://de.m.wikipedia.org/wiki/Brigade

Eine Brigade ist der kleinste militärische Großverband des Heeres, der aufgrund seiner Organisation, Personalstärke und Ausrüstung in der Lage ist, operative Aufgaben (ohne substantielle Verstärkungen) selbständig zu lösen. Unterstellt sind der Brigade Bataillone der Kampftruppen, selten Kampftruppenregimenter, und selbständige Brigade-Kompanien der Kampfunterstützungstruppen und Logistiktruppen. Mehrere Brigaden sind einer Division unterstellt.

Kampfunterstützungstruppen der Pioniere und Heeresflieger, aber auch Logistikverbände können zur übergeordneten Führung von speziellen Aufgaben dauerhaft, ebenfalls zu Brigaden zusammengefasst werden, um je nach Lage stärkere oder geringere Anteile der unterstellten Truppen an die Kampftruppenbrigaden oder Divisionen zu unterstellen.

Division:
https://de.m.wikipedia.org/wiki/Division_(Milit%C3%A4r)

Eine Division ist ein militärischer Großverband, der sich in den verschiedenen Teilstreitkräften und Staaten unterschiedlich zusammensetzen kann. Eine Division besteht üblicherweise aus ca. 10.000 bis 30.000 Soldaten. Unterstellt sind der Division Kampftruppenbrigaden und selbständige Divisionsbataillone oder -regimenter der Kampfunterstützungstruppen, Logistiktruppen und Führungstruppen. Divisionen werden meistens von einem Divisionskommandeur im Dienstrang eines Generalmajors geführt, in der Schweiz Divisionär.

Die nächsthöhere Führungsebene in den Landstreitkräften ist das Korps, sofern Divisionen nicht von einer anderen Kommandobehörde geführt werde.
Grundsätzlich wird der Begriff Division für einen Großverband der Landstreitkräfte verwendet.

Divisionen der Luftwaffe orientieren sich an der personellen Größenordnung einer Heeresdivision – ihr sind mehrere Geschwader unterstellt. Abweichend davon gibt es in den Seestreitkräften auch erheblich, davon abweichende Organisationsformen mit der Bezeichnung Division, wie eine Schiffsdivision, die einer Abteilung entspricht.

Garnison:
https://de.m.wikipedia.org/wiki/Garnison

Heer:
https://de.m.wikipedia.org/wiki/Heer

Das Heer ist die alle Landstreitkräfte umfassende Teilstreitkraft eines Staates. Die Aufgaben des Heeres sind in erster Linie das Aufklären und Bekämpfen feindlicher Truppen. Zur Erfüllung seiner Aufgaben stehen ihm kämpfende und unterstützende Einheiten zur Verfügung.

Heereskavalerie:
https://de.m.wikipedia.org/wiki/Kavallerie

Als Kavallerie, oder Reiterei, bezeichnet man eine in der Regel zu Pferd mit Blank- und Handfeuerwaffen kämpfende Waffengattung der Landstreitkräfte. In Wüstengegenden wurden auch Kamele als Reittiere eingesetzt

Infanterie:
https://de.m.wikipedia.org/wiki/Infanterie

Infanterie bezeichnet man sich zu Fuß bewegende und kämpfende, mit Handwaffen ausgerüstete Soldaten der Kampftruppe der Landstreitkräfte. Obwohl der Begriff Infanterie sich erst in der frühen Neuzeit einbürgerte, wird er auch für entsprechende Soldaten früherer Epochen verwendet.

Infanterie ist einerseits abzugrenzen von unorganisierten Kämpfern zu Fuß wie Stammeskriegern. Andererseits abzugrenzen gegen Soldaten, die nicht zu Fuß kämpfen oder mit anderen Waffen ausgerüstet sind, wie z.B. die Kavallerie, oder in der Neuzeit, die Panzertruppe. Die Bedeutung und das Ansehen der Infanterie wechselten stark im Lauf der Geschichte. Sie bildete aber meist die Basis der Landstreitkräfte. Ab der Zeit der stehenden Heere wurde in der Masse Linieninfanterie aufgestellt. Von dieser ist die Leichte Infanterie abzugrenzen. Dragoner sind mit Pferden als Transportmittel beweglich gemachte Infanterie, die zum Kampf absaß.

Für mit Kraftfahrzeugen organisatorisch beweglich gemachte Infanterie wird wie in der Wehrmacht, nachfolgend auch in der Bundeswehr, der Begriff Infanterie (motorisiert) benutzt. Diesem sind die Bezeichnungen Grenadiere (mot), in der Neuzeit heute auch Jäger, oder Füsiliere gleichzusetzen.

Mechanisierte Infanterie, also mit Schützenpanzern ausgerüstete Verbände, sind begrifflich Panzergrenadiere. Die NVA und die sowjetische Armee kannte hierfür den Begriff Mot-Schützen, die in Regimentern zusammengefasst waren. Eine enge Verzahnung durch gegenseitige Unterstellung wie zum Gefecht der verbundenen Waffen fand jedoch nicht statt.

Eine Unterstützung der Mot. Schützen durch Kampfpanzer erfolgte nur durch ein selbständiges Panzerbataillon, das kompanieweise auf die Regimenter aufgeteilt wurde.

Kasematten
https://de.m.wikipedia.org/wiki/Kasematte

Kompanie, Bataillon:
https://de.m.wikipedia.org/wiki/Kompanie_(Milit%C3%A4r)

Kompanie bezeichnet eine militärische Einheit, die einem Verband (manchmal auch direkt einem Großverband) unterstellt ist und aus Teileinheiten besteht.

Geschichte:
Das in ganz Europa benutzte Wort – Compagnia, Compagnie – ersetzte im 17. Jahrhundert im deutschen Sprachraum das Wort Fähnlein.
Die Kompanie war ursprünglich, wie das Regiment, eine Verwaltungseinheit und kein Taktischer Truppenkörper (Diese wurden in der Zeit der Landsknechte, in deutsch, auch mit Gewalthaufen, oder Gevierthaufen, ab der Mitte des 17. Jahrhunderts auch „international", als Bataillon bezeichnet). Aus der Auffassung der Kompanie als wirtschaftliches Unternehmen (vgl. Kompanie

(Unternehmen)) rührt auch der bis ins 19. Jahrhundert hinein bestehende Ausdruck Kompaniewirtschaft.
Kompaniewirtschaft:(für die interessierten Leser/innen)
Im 18. Jahrhundert wurden Armeen mittels der sogenannten Kompaniewirtschaft finanziert.
Dabei erhielt der Hauptmann (Kompaniechef) vom jeweiligen Staat eine bestimmte Geldsumme (Pauschquantum), mit der er alle Ausgaben der Kompanie bestreiten musste. Die erwirtschafteten Einsparungen konnte er legal dem eigenen Vermögen zufließen lassen.

Zu den aus dem Pauschquantum zu bestreitenden Leistungen zählten:

Verpflegungssatz, Uniformierung (große und kleine Montierung), Sold und Unterkunft jedes einzelnen Soldaten, die Anwerbung von „Ausländern", also Nicht-Landeskindern deutscher wie nicht-deutscher Herkunft, war jederzeit möglich. Die Ausländer machten bis zu 50 % der Truppe aus. Anwerbekosten (Spesen des Werbetrupps, Handgeld für den neuen Rekruten) konnten pro Soldat 100 Taler betragen und mehr.

In Preußen erhielt der Kompaniechef aus der Staatskasse monatlich drei Taler, fünf Groschen für jeden einfachen Soldaten (für Unteroffiziere war die Summe höher). Davon wurden zwei Taler direkt an den Soldaten als Sold ausbezahlt; ein Taler und fünf Groschen wurden als Nutzungsgebühr für die kleine Montierung (Hut, Halsband, Hemd, Hose, Strümpfe, Schuhe usw.) einbehalten. Die kleine Montierung ging nach Abbezahlung durch den Soldaten in dessen Besitz über, die große Montierung (Uniformrock und Mantel) blieb Eigentum der Kompanie.

Bevor ein Offizier eine Kompanie übernehmen konnte, musste er seinem Amtsvorgänger die vorab geleisteten Aufwendungen für Material und Bewaffnung (eiserner Bestand) ausbezahlen. Einem vermögenslosen Offizier war daher die Übernahme einer Kompanie selten möglich; bei entsprechender Eignung konnte er aber als Stabskapitän die Kompanie eines Stabsoffiziers übernehmen. Die von ihm erwirtschafteten Überschüsse flossen indes dem Kompanieinhaber zu, er selbst erhielt dagegen nur einen relativ geringen Sold.

Es lag ausschließlich an den unternehmerischen Fähigkeiten des Kompanieinhabers, ob sich der Offiziersdienst für ihn zu einem Gewinn- oder Verlustgeschäft entwickelte. Zur Verminderung der Kosten gewährte der Kompaniechef Urlaubsscheine im großzügigen Maße. Besonders in der militärischen Ruhephase der kalten Jahreszeit bis etwa zum 21. März waren in vielen Armeen Europas nur wenige Mannschaften tatsächlich in ihrer Garnison. Die übrigen waren zu Hause oder anderenorts. Das hierdurch eingesparte Geld konnte der Kompaniechef für sich verbuchen.

Später erhielten die Kompaniechefs das Recht, einen Teil der Ausländer als sogenannte „Freiwächter" zu beurlauben. Die Freiwächter durften sich nur in der Garnisonsstadt frei bewegen. Die beurlaubten Soldaten ließen im Allgemeinen größere Summen oder auch Wertgegenstände in der Obhut ihres Hauptmannes, der auf diese Weise durchaus Interesse an einem Wegbleiben (Desertion) seiner Leute hatte.

Mit den erwirtschafteten Überschüssen konnte der Kompaniechef ein sehr gutes Einkommen erzielen. Aus diesem Grund blieb auch bis zum Beginn des 19. Jahrhunderts der Inhaber eines Regiments, Inhaber der ersten Kompanie (Leibkompanie), sein Vertreter, der Oberstleutnant, blieb Inhaber der zweiten Kompanie und der dritte Stabsoffizier im Regiment, der Major, blieb Inhaber der dritten Kompanie, um zusätzliche Einnahmen zu erhalten. Tatsächlich geführt wurden diese Kompanien von einem Stabshauptmann (s.o.).

Der spätere Generalfeldmarschall von Gneisenau erzielte in der Zeit vor 1807 aus seiner Kompanie einen Reingewinn von jährlich 2.000 Talern, also etwa 20 Jahreslöhne ines gutverdienenden Handwerkers.

Mit der preußischen Heeresreform 1807 wurde die Kompaniewirtschaft in Preußen offiziell abgeschafft. Die bisher durch den Kompaniechef verantwortete Aufgabe der Bewirtschaftung ging damit auf die Militärbeamten über.

Maignot-Linie
https://de.m.wikipedia.org/wiki/Maginot-Linie

Regiment:
https://de.m.wikipedia.org/wiki/Regiment

Das Regiment (lateinisch regimen = Lenkung, Herrschaft, Regierung) ist eine mittelgroße, militärische Formation. Gliederung und Stärke variieren abhängig von Waffen-Gattung, Epoche und Land stark.

Requisitionen:
https://de.m.wikipedia.org/wiki/Requisition

Requisition stammt aus dem Lateinischen, requirere bedeutet wörtlich aufsuchen, untersuchen, verlangen

Trosse:
https://de.m.wikipedia.org/wiki/Tross

Der Begriff Tross bezeichnet, beginnend mit den ersten militärgeschichtlichen Überlieferungen bis etwa zum Ende des Zweiten Weltkriegs, jene rückwärtigen Teile einer Militäreinheit, die Unterstützungsaufgaben insbesondere im Versorgungs- und Transportbereich übernahmen. In der Marine hat sich der Begriff des .Trossschiffs erhalten.

Unternehmen Seelöwe:
https://youtu.be/_H-pZPzgyaE

Wehrfreiheit:
https://nordhausen-wiki.de/index.php?title=Wehrfreiheitsdenkmal

Buchempfehlungen im Genre erlebte Abenteuer.

„Sieben Jahre in Tibet" von Heinrich Harrer
(Das Buch lesen! Dies ist wesentlich spannender und aufschlussreicher, als den Film ansehen.) – Diese Geschichte spielte, in Indien und im Tibet. Sie wurde auch im selben Jahrzehnt erlebt, wie diese zweite Geschichte von Sebastian Kühnert.

Hörbuchempfehlung zum Thema Kriege:

„Der dreißig jährige Krieg" von Friedrich Schiller auf LibriVox.
https://librivox.org/geschichte-des-dreisigjahrigen-kriegs-by-friedrich-schiller/

Zunächst nur einmal das erste und zweite Buch! Dort gibt es interessante Hinweise, was ein Krieg oder ein aggressives Regime befeuert. Sinngemäß: „Es sind die Religionen für welche die Landsknechte, in besonderer Art, so bereitwillig, ihr Blut verspritzen, wie sie es ansonsten niemals so bereitwillig für ihre Herren getan hätten. (Schiller schreibt das wesentlich nachdrücklicher und besser als ich – einmal reinhören in den O-Ton von Friedrich Schiller lohnt sich.)